mythologie japonaise

Des Dieux antiques aux légendes urbaines : un voyage à travers les mythes et traditions du Soleil Levant.

D1664601

Iannick DeWilde

RÉSUMÉ

INTRODUCTION

Parmi les ombres des grands bambous et le son réfléchissant des eaux des ruisseaux, d'anciennes légendes japonaises sont nées. Ces récits, comme de délicats coups de pinceau sur une peinture traditionnelle, en révèlent autant sur la psyché, la philosophie et l'identité du peuple japonais que sur les anciennes croyances spirituelles qui ont façonné leur histoire. Dans une tentative de révéler les mystères cachés derrière chaque kami, yokai, héros et légende, j'entreprends ce voyage littéraire pour offrir au lecteur une vision profonde et authentique de la mythologie japonaise.

La raison pour laquelle j'ai choisi d'écrire sur ce sujet va bien au-delà de la simple curiosité ou de l'admiration pour des histoires fascinantes. En observant le Japon moderne, avec ses gratte-ciel et ses technologies de pointe, on pourrait facilement oublier qu'en son cœur bat une âme ancienne, imprégnée de traditions et de légendes millénaires. La mythologie japonaise, avec sa complexité et sa profondeur, offre une incroyable fenêtre sur cette âme, nous permettant de mieux comprendre la culture, la mentalité et les motivations d'une nation qui a mêlé l'ancien au moderne de manière étonnamment harmonieuse.

La mythologie de chaque culture est le reflet des valeurs, des peurs, des espoirs et des désirs de ce peuple. La mythologie japonaise, en particulier, révèle un profond respect pour la nature, l'accent mis sur l'interdépendance de tous les êtres vivants et une recherche continue d'équilibre. Ces thèmes, exprimés à travers des récits de divinités capricieuses, de créatures mystérieuses et de héros au cœur pur, offrent une compréhension qui va bien au-delà de la surface des simples histoires.

Dans ce livre, nous plongerons dans les profondeurs de ces légendes, explorant à la fois des aspects familiers et moins connus de la mythologie japonaise. Du récit cosmogonique de la création du Japon aux portraits détaillés des différents yokai et kami, mon objectif est de proposer un voyage complet et compréhensif.

J'espère qu'à travers ces pages, le lecteur pourra non seulement apprécier la beauté et la complexité de ces histoires, mais aussi réfléchir à l'importance de la mythologie dans la formation de l'identité culturelle d'une nation et à sa pertinence continue dans un monde en évolution rapide.

Bienvenue au cœur battant des légendes du Soleil Levant.

CHAPITRE 1
MYTHOLOGIE JAPONAISE : KOJIKI ET NIHON SHOKI

L'importance du conte mythologique dans la culture japonaise

La mythologie n'est pas un simple récit du passé pour la culture japonaise ; c'est un continuum vivant qui éclaire le présent et guide l'avenir. Aux quatre coins du Japon, des temples majestueux de Kyoto aux rues modernes de Tokyo, l'écho d'anciennes légendes résonne, témoignant du lien profond entre le peuple japonais et ses racines mythologiques. Alors que nous poursuivons ce voyage, il est essentiel de garder à l'esprit ce lien intrinsèque, car il éclaire la véritable essence de l'âme japonaise.

S'il existe un élément qui unit l'immensité et la diversité des cultures humaines à travers le temps et l'espace, c'est bien l'amour universel des histoires. Le Japon, avec sa riche histoire et ses traditions, ne fait pas exception. Mais pour bien comprendre l'importance des mythes dans la culture japonaise, il est essentiel de reconnaître à quel point ces contes ont profondément imprégné tous les aspects de la vie quotidienne, de la spiritualité à la morale, des arts aux vacances.

1. Spiritualité et Cosmovision : Dans les anciennes traditions shintoïsme, il n'existe pas de textes sacrés analogues à la Bible ou au Coran. Au lieu de cela, les récits mythologiques, tels que ceux recueillis dans *Kojiki* C'est dans le *Nihon Shoki*, faites office de guide. Ces contes fournissent une carte cosmologique de l'univers, expliquant l'origine des îles japonaises, la création des dieux et l'ordre naturel des choses. Ils représentent le fondement même de la spiritualité japonaise, reliant l'homme, la nature et les dieux dans un réseau complexe de relations interdépendantes.

2. Moralité et valeurs : Les mythes ne sont pas seulement des histoires fascinantes ; ils sont également des véhicules d'enseignements moraux. Prenez, par exemple, l'histoire d'Amaterasu, la déesse du soleil, qui se retire dans une grotte, privant le monde de lumière. Le récit illustre l'importance du pardon, de la compréhension et de la coopération. Grâce à ces histoires, des générations de Japonais ont appris des valeurs fondamentales telles que l'honneur, le respect, la loyauté et l'harmonie.

3. Expressions artistiques : La mythologie japonaise a profondément influencé toutes les formes d'art, de la peinture traditionnelle*ukiyo-e*aux œuvres théâtrales*Non*Et*Kabuki*. Beaucoup de ces peintures et représentations sont empreintes de symbolisme et de références mythologiques. Par exemple, dans le drame Nô, les acteurs incarnent souvent des kami, des esprits et d'autres entités mythologiques, utilisant des masques et des mouvements ritualisés pour raconter des histoires de passion, de tragédie et de rédemption.

4. Jours fériés et célébrations : La mythologie japonaise est étroitement liée au cycle des saisons et aux différentes célébrations qui jalonnent l'année. Le*Tanabata*, ou fête des étoiles, par exemple, tire son origine de la légende d'Orihime et Hikoboshi, deux amoureux séparés par la Voie Lactée qui ne peuvent se rencontrer qu'une fois par an. Les gens célèbrent cette fête en écrivant leurs vœux sur des bandes de papier et en les accrochant à des branches de bambou, en espérant que leurs prières seront entendues.

L'évolution du mythe entre Kojiki et Nihon Shoki

Le Japon, au cours de son histoire millénaire, a produit de nombreux textes et récits qui représentent le fondement et l'évolution de son héritage culturel et spirituel. Deux des œuvres les plus emblématiques, qui éclairent le panorama mythologique du pays, sont *Kojiki* et le *Nihon Shoki*. Tous deux occupent une place importante dans le panthéon de la littérature japonaise, mais ils représentent des perspectives différentes et, dans certains cas, des versions différentes des mêmes événements. En explorant la transition et l'évolution entre ces deux textes, nous pouvons obtenir des informations précieuses sur l'évolution de la pensée mythologique et culturelle japonaise.

Le Kojiki : L'âme poétique d'un pays

Le *Kojiki*, littéralement « Chroniques de faits anciens », est plus qu'un simple récit de mythes et de légendes japonais ; c'est la quintessence de l'essence culturelle du Japon, une œuvre qui capte l'imagination et l'âme d'une nation.

Écrit en 712 après JC, le *Kojiki* se déroule dans une série de contes qui retracent l'origine du monde, la création des îles japonaises, ainsi que les exploits et les passions des dieux et des déesses. Ces histoires, imprégnées d'éléments naturels tels que la mer, le vent, les montagnes et la lune, révèlent un lien profond entre la nature et le divin, un lien qui façonne la spiritualité japonaise depuis des siècles.

Mais la langue de *Kojiki* ce n'est pas seulement du récit ; c'est aussi profondément lyrique. Les épisodes mythologiques sont présentés à travers une prose poétique qui défie souvent la traduction directe, exigeant une compréhension non seulement des mots, mais aussi du contexte culturel et historique d'où ils émergent. Cette qualité lyrique rend le *Kojiki* non seulement un texte religieux ou historique, mais aussi une œuvre d'art littéraire.

Au-delà de sa beauté linguistique, le *Kojiki* il avait une intention politique et stratégique. Commandé par la famille impériale, il servait à légitimer son pouvoir en faisant remonter la généalogie des empereurs directement aux dieux, en particulier à la déesse du soleil, Amaterasu. De cette manière, la famille impériale n'était pas seulement la direction temporelle du pays, mais possédait également un mandat divin.

L'influence de *Kojiki* a imprégné la culture japonaise de plusieurs manières. Des rituels shinto aux arts en passant par la littérature, les échos de ces histoires anciennes continuent de résonner, offrant un aperçu de la nature, de l'humanité et du divin. Et à mesure que le Japon a évolué et s'est transformé au fil des siècles, le *Kojiki* il reste un phare constant, illuminant les profondeurs de l'âme japonaise.

Écrit huit ans seulement après *Kojiki*, en 720 après JC, le *Nihon Shoki* il apparaît non seulement comme un texte historique fondateur, mais aussi comme une fascinante mosaïque narrative qui reflète la richesse et la diversité des traditions orales japonaises. Tandis que le *Kojiki* capturé l'essence poétique du Japon, le *Nihon Shoki* tente de l'ordonner, en fournissant une structure et une chronologie plus systématiques.

Également connu sous le nom de « Chroniques du Japon », le *Nihon Shoki* offre un aperçu complet, de la création cosmique aux événements de la famille impériale et aux interactions du Japon avec les nations voisines. Mais ce qui rend ce texte particulièrement unique est l'inclusion de différentes versions des mêmes histoires, souvent en contradiction les unes avec les autres. Cette pluralité de voix indique une conscience des auteurs des différentes traditions et interprétations qui existent, créant une image complexe et multiforme du passé japonais.

Le *Nihon Shoki* il met également en évidence l'influence croissante des cultures extérieures, notamment chinoises. Cette ouverture culturelle se reflète dans sa structure, son langage et les thèmes abordés. L'écriture en chinois classique, la présence de concepts confucianistes et bouddhistes et la mention d'interactions diplomatiques et de conflits avec des royaumes extérieurs montrent un Japon qui, tout en restant ancré dans ses racines, était ouvert à l'absorption et à la réinterprétation des idées extérieures.

Cependant, malgré ses nombreuses influences et voix, le cœur du *Nihon Shoki* reste profondément japonais. Il ne se limite pas à enregistrer des événements ou à raconter des mythes ; il cherche plutôt à donner un sens à la position du Japon dans le monde, à la fois en termes de son origine divine et de ses relations terrestres. En ce sens, le *Nihon Shoki* s'efforce de fournir un récit cohérent et unifié, même s'il reconnaît et accepte la complexité et la contradiction.

Dans son ensemble, le *Nihon Shoki* se présente comme un pont entre mythe et histoire, entre le divin et l'humain, et entre le Japon et le monde extérieur. À travers ses pages, nous pouvons voir comment le pays a cherché à tisser ces fils ensemble, créant une tapisserie qui continue d'influencer la culture et l'identité japonaises jusqu'à aujourd'hui.

Le voyage entre *Kojiki* et le *Nihon Shoki* ce n'est pas seulement un voyage entre deux textes, mais à travers le cœur battant d'une nation. Cela nous rappelle que les mythes ne sont pas des monolithes gravés dans la pierre, mais des rivières vivantes qui changent de cours, reflétant et façonnant les cultures dont elles découlent.

Mythe de la Création : la danse d'Izanagi et Izanami

Au cœur de la cosmogonie japonaise se trouve l'histoire évocatrice d'Izanagi et d'Izanami, deux divinités frères et sœurs qui ont joué un rôle crucial dans la création du Japon. Dans le vaste vide d'un univers encore informe, une mer chaotique et primordiale roulait sans fin. De cet abîme, une lance céleste à la main, Izanagi et Izanami pêchèrent la matière première qui allait donner forme à la première des îles japonaises. La simple chute de gouttes du bout de leur lance marquait le début d'un processus de création qui mènerait à la naissance de l'ensemble du paysage japonais.

Sur l'île nouvellement formée, le duo divin a décidé de solidifier leur lien. Tournant autour d'une colonne céleste, leur danse sacrée et rituelle les rapprochait, et c'est de cette danse chargée d'énergie divine que naquirent d'autres îles, montagnes, rivières, vents et un panthéon d'autres divinités. Mais l'acte de création, aussi puissant soit-il, a aussi ses répercussions. Alors qu'elle donnait naissance à Kagutsuchi, le dieu du feu, Izanami fut mortellement blessé et entraîné dans le royaume sombre et lugubre des enfers, connu sous le nom de Yomi. Sa perte fut un coup dur pour Izanagi, qui, pour tenter de la sauver, s'aventura dans le monde souterrain. Cependant, une fois sur place, il découvrit qu'Izanami avait désormais irrémédiablement changé. Bien que son amour pour elle soit resté, Izanagi a été forcé de fuir Yomi et de sceller l'entrée, les séparant pour toujours.

Après avoir traversé les profondeurs de Yomi, Izanagi chercha à se purifier. Alors qu'il se lavait des impuretés des enfers, Amaterasu, la lumineuse déesse du soleil, est née de son œil gauche ; de la droite émergeait Tsukuyomi, le dieu de la lune calme et mesuré ; et de son nez, avec un souffle orageux, naquit Susanoo, le dieu turbulent de la mer et des tempêtes.

Ce mythe, riche en symbolisme, reflète non seulement les origines géographiques et physiques du Japon, mais représente également un profond commentaire sur la vie et la mort, sur l'harmonie et le chaos, et sur la recherche perpétuelle de l'équilibre. La danse d'Izanagi et Izanami symbolise l'harmonie cosmique, tandis que leur séparation met en évidence la fragilité de la vie et l'inévitabilité de la mort. Ancré dans les traditions shinto, le conte de ces deux dieux offre un aperçu perspicace de la compréhension japonaise du cycle de la vie, des relations et de l'interconnexion entre l'humain et le divin.

La formation de l'archipel :

L'archipel japonais, un ensemble d'îles diversement disposées dans le vaste océan Pacifique, trouve ses racines non seulement dans des processus géologiques et tectoniques, mais aussi dans des histoires profondément liées à la mythologie et à la conscience culturelle du peuple japonais. La formation de ces îles représente une danse divine de création, de symbolisme et de sens.

L'acte initial d'Izanagi et Izanami, utilisant la lance céleste pour remuer l'océan primordial, donne naissance à la première île. Mais leur rôle de géniteurs ne s'arrête pas là. Chaque île est née comme une manifestation physique de leur union, représentant une danse continue d'amour, de conflit, de séparation et de réconciliation.

Chaque île a sa propre histoire unique. Les quatre îles principales – Honshu, Kyushu, Shikoku et Hokkaido – apparaissent comme des pierres de touche dans la narration mythologique. Honshu, par exemple, avec ses majestueuses chaînes de montagnes et ses vastes plateaux, peut être considérée comme l'incarnation de la force et de l'audace d'Izanagi, tandis que l'île la plus méridionale, Kyushu, avec ses côtes douces et fertiles, pourrait refléter la douceur et la fertilité d'Izanami.

Cependant, en plus des grandes îles, il existe des milliers de petites îles dispersées, chacune avec sa propre histoire et son caractère unique. Ces petites îles représentent les moments les plus subtils, les plus éphémères de la danse entre Izanagi et Izanami, témoignant de l'immensité et de la complexité de leur amour.

La géographie de l'archipel japonais, avec ses baies abritées, ses montagnes escarpées et ses plaines fertiles, n'est pas seulement le produit de phénomènes géologiques, mais est également imprégnée du souffle vital et de la passion des dieux créateurs. Ces terres, façonnées par la mythologie, deviennent sacrées, chaque recoin et chaque courbe racontant une histoire de divinité, d'amour et d'aventure.

De plus, ce récit mythique de la formation des îles met en évidence le lien profond entre le peuple japonais et sa terre. Le caractère sacré de l'archipel n'est pas seulement géographique, mais aussi spirituel et représente le lien éternel entre la terre, le ciel et la mer dans la conscience culturelle japonaise.

L'origine du Jour et de la Nuit : les premiers cycles cosmiques

La mythologie japonaise, dans son essence, façonne non seulement la structure physique du monde, mais aussi les cycles naturels qui régissent la vie quotidienne. L'un des cycles les plus fondamentaux, la succession du jour et de la nuit, est imprégné de sens mythologique et raconte une histoire de séparation, de désir et de réconciliation.

L'alternance entre le jour et la nuit n'est pas simplement un événement astronomique dans le contexte mythologique japonais ; c'est une représentation tangible de l'interaction entre deux divinités fondamentales : le Soleil et la Lune. Ces divinités, nées du couple primordial Izanagi et Izanami, représentent non seulement les étoiles célestes, mais aussi les forces dualistes de la lumière et de l'obscurité, de la chaleur et du froid, de la vie et de la réflexion.

Amaterasu, la déesse du soleil : Fille préférée d'Izanagi, Amaterasu est la divinité solaire qui illumine le monde. Son lever chaque matin symbolise l'éveil, la renaissance et l'énergie vitale.

Cependant, son histoire n'est pas sans conflits. Dans un épisode célèbre, à la suite d'une dispute avec son frère Susanoo, il se retire dans une grotte, privant le monde de lumière. Ce mythe, symbolisant l'éclipse solaire, raconte comment le monde est tombé dans les ténèbres et comment, grâce à la sagesse et à l'ingéniosité des autres kami, Amaterasu a été persuadé de réapparaître, rendant au monde lumière et chaleur.

Tsukuyomi, le Dieu de la Lune : Moins brillant mais tout aussi essentiel, Tsukuyomi règne sur la nuit. Symbole de réflexion, de calme et de mystère, sa présence dans le ciel nocturne offre un équilibre à la luminosité ardente d'Amaterasu. Dans la mythologie, la séparation de Tsukuyomi d'Amaterasu est racontée lorsque, après un désaccord, ils décident de régner dans des cieux différents, lui la nuit et elle le jour.

Ces cycles cosmiques, représentés par l'alternance d'Amaterasu et de Tsukuyomi, non seulement divisent le temps, mais unissent également le monde dans un rythme constant de lumière et d'obscurité. Ce rythme, essentiel à la vie et à la nature, rappelle aussi l'équilibre délicat entre forces opposées et complémentaires.

CHAPITRE 2
KAMI ET ESPRITS

Définition et nature du Kami

Les Kami, esprits et divinités au centre de la religion et de la culture japonaise, imprègnent chaque recoin de la vie japonaise, du majestueux mont Fuji aux paisibles jardins zen. Bien qu'ils puissent être vaguement traduits par « dieux » ou « esprits », cette simplification ne rend pas justice à leur profondeur et à leur complexité. Ils sont aussi ancrés dans le paysage et la conscience japonaise que les arbres des forêts qu'ils sont censés habiter.

Essentiellement, les Kami sont des manifestations de la nature, de l'essence et de l'énergie vitale. Ce ne sont pas de simples divinités tutélaires ou gardiens, mais des représentations vivantes des forces de la nature et des éléments. Chaque arbre, rivière, montagne ou phénomène naturel est associé à un Kami, soulignant un profond respect et un lien avec la nature intrinsèque à la philosophie shinto.

Contrairement aux divinités de nombreuses autres traditions, les Kami transcendent les notions dualistes du bien et du mal. Ce ne sont pas des entités bonnes ou mauvaises, mais plutôt des représentations des nombreuses facettes de la vie et de l'expérience humaine. Un Kami peut être vénéré pour sa capacité à apporter des bénédictions, mais en même temps il peut représenter des forces naturelles potentiellement dangereuses, telles que des tempêtes ou des tremblements de terre. Cela ne reflète pas une nature capricieuse, mais plutôt une acceptation du fait que la vie est un mélange de lumière et d'obscurité, de construction et de destruction.

L'un des aspects les plus distinctifs de la compréhension des Kami est leur immanence. Alors que dans de nombreuses traditions religieuses, les divinités sont considérées comme transcendantes et distinctes du monde physique, les Kami sont profondément enracinés dans l'ici et maintenant. Ils n'existent pas dans un royaume lointain ou inaccessible ; ils sont tissés dans le tissu de la réalité quotidienne, prêts à interagir et à communiquer avec quiconque les approche avec respect et sincérité.

L'immensité et la diversité des Kami sont stupéfiantes. Certains peuvent avoir des origines ancestrales, étant des ancêtres déifiés, tandis que d'autres peuvent être des incarnations de phénomènes naturels ou de forces cosmiques. Cette riche tapisserie de divinités reflète la profonde appréciation et le respect de la culture japonaise pour la complexité et la multiplicité de la vie et de l'expérience humaine.

Dans la pratique quotidienne, les Japonais interagissent avec les Kami de diverses manières, souvent à travers des rituels et des cérémonies dans les sanctuaires shinto. Ces interactions ne sont pas de simples actes de vénération ; ce sont des conversations, des demandes de conseils, de protection et de bénédiction.

En résumé, les Kami sont le cœur battant de la spiritualité japonaise, représentant un lien inextricable entre le monde humain, divin et naturel. Grâce à leur présence, nous nous rappelons le caractère sacré de la vie, l'interconnexion de toutes choses et l'importance de vivre en harmonie avec la nature et les autres.

L'Indomptable Susanoo : Le dieu rebelle et autres kami majeurs

Susanoo, également connu sous le nom de Susa-no-O, est une figure centrale de la mythologie japonaise, souvent représentée comme le dieu tumultueux de la tempête et de la mer. Frère du lumineux Amaterasu, déesse du Soleil, et du serein Tsukuyomi, dieu de la Lune, dont nous avons déjà parlé, Susanoo contraste fortement avec ses frères tant par son tempérament que par son rôle. Alors qu'Amaterasu et Tsukuyomi sont souvent associés à des qualités stabilisatrices et harmonieuses, Susanoo est empreint de passion, de rébellion et d'imprévisibilité.

Sa nature rebelle est évidente dès sa jeunesse. Selon d'anciennes chroniques, Susanoo a causé des ravages dans le ciel, provoquant des tempêtes et détruisant les récoltes. Ces actions, en particulier celles qui perturbaient la tranquillité d'Amaterasu, aboutirent à son bannissement du ciel. Mais c'est au cours de son exil sur Terre que Susanoo accomplit nombre de ses exploits les plus célèbres, notamment vaincre le dragon à huit têtes, Yamata-no-Orochi, et découvrir l'épée sacrée Kusanagi.

Mais Susanoo n'est pas qu'un agent du chaos. Son histoire est également celle de la rédemption et de la façon dont, grâce à son courage et sa détermination, il a pu gagner le respect et l'adoration en tant que kami vénéré. Après avoir vaincu Yamata-no-Orochi, il présenta l'épée Kusanagi à sa sœur Amaterasu en signe de repentir, rétablissant ainsi sa place parmi les kami et consolidant sa position comme l'un des trois grands kami du panthéon shinto.

En plus de Susanoo, il existe de nombreux autres kami principaux qui jouent un rôle fondamental dans le tissage de la mythologie japonaise. Chacun d'eux, avec son histoire unique et sa

16

personnalité distincte, contribue à créer une image complexe et multiforme de la vision du divin dans la culture japonaise.

Les Inukami, par exemple, sont des esprits associés à la nature et aux animaux, souvent invoqués pour se protéger contre les forces du mal. Izanami et Izanagi, les divinités primordiales dont sont nés les dieux et les îles du Japon, représentent le cycle de la vie, de la mort et de la renaissance. Ebisu, le dieu de la chance et de la pêche, et Benzaiten, déesse de la musique, de l'eau et de la parole, sont d'autres exemples de kami qui jouent un rôle crucial dans la vie spirituelle et quotidienne du peuple japonais.

À travers ces figures divines, émerge une compréhension profonde et nuancée de la nature, de l'existence et du lien entre l'humain et le divin. Susanoo, avec sa nature rebelle et son parcours de rédemption, représente un aspect essentiel de cette tapisserie : la capacité de changer, de trouver sa propre voie et de se réconcilier avec son passé et avec les autres.

Esprits de la nature : Kodama, Yuki-onna, Tengu

Le Japon possède une riche tradition d'êtres spirituels qui peuplent ses histoires et légendes, incarnant l'essence même de la nature et des éléments. Les esprits, ou êtres surnaturels, sont des manifestations de forces, d'émotions ou d'aspects de la nature qui ont pris forme. Ils servent de pont entre le monde humain et le monde naturel, agissant souvent comme gardiens, guides ou même adversaires. Si certains esprits peuvent se montrer bienveillants et protecteurs, d'autres peuvent se montrer malveillants ou inquiétants. L'immensité et la diversité de ces êtres reflètent la complexité de la relation entre l'humanité et l'environnement dans lequel elle vit. Il existe différents types d'esprits, chacun avec des caractéristiques et des fonctions distinctes, et parmi les plus emblématiques sont Kodama, Yuki-onna et Tengu.

Kodamace sont les esprits des arbres, particulièrement ceux des forêts anciennes. On pense qu'ils résident dans des arbres d'un âge ou d'une beauté particulière, ce qui les rend sacrés. Endommager ou abattre un arbre abritant un Kodama peut porter malheur ou calamité. Le murmure du vent dans les feuilles ou l'écho dans les arbres pourraient être la voix des Kodama communiquant entre eux. Ils rappellent constamment le respect que mérite la nature et le caractère sacré de la vie végétale.

Yuki-onna, littéralement « femme des neiges », est une figure éthérée et souvent effrayante associée à l'hiver et aux tempêtes de neige. Décrite comme une beauté glacée à la peau pâle et aux longs cheveux argentés, elle apparaît les nuits de neige, apportant parfois la mort avec son haleine froide, mais dans d'autres légendes, elle peut faire preuve de miséricorde, en particulier envers les jeunes ou les amoureux. Le Yuki-onna représente la double nature de l'hiver : sa beauté tranquille et sa létalité potentielle.

Tenguce sont des créatures ailées, souvent associées aux montagnes et aux forêts. Même s'ils avaient à l'origine des connotations inquiétantes et étaient considérés comme des hérauts de guerre, ils sont devenus au fil du temps les protecteurs des monastères et des temples. Avec un long nez et des traits humains-aviaires, les Tengu sont des maîtres des arts martiaux et sont souvent liés à la discipline et à l'apprentissage des arts guerriers.

En plus de ceux-ci, il existe de nombreux autres esprits liés à la nature. Par exemple, les Zashiki-warashi sont des esprits d'enfants qui résident dans les maisons et portent chance à la famille d'accueil, à condition qu'ils soient traités avec respect.

Funayūreice sont des esprits marins, souvent représentés comme des fantômes lumineux, qui peuvent aider ou gêner les marins selon les circonstances.

La présence de ces êtres dans d'innombrables histoires et légendes japonaises met en évidence l'interaction harmonieuse entre l'humanité et la nature. Ils rappellent le respect, la compréhension et le soin nécessaires lorsqu'on s'aventure dans le domaine naturel, et témoignent d'une culture qui voit le caractère sacré dans chaque coin de la terre, dans chaque rafale de vent et dans chaque goutte d'eau.

C

CHAPITRE 3
YOKAI : CRÉATURES DE LA FRONTIÈRE

Aux quatre coins du monde, mythes et légendes parlent de créatures mystérieuses qui errent à la frontière entre le connu et l'inconnu, le naturel et le surnaturel. Dans le tissu riche et varié de la mythologie japonaise, ces entités sont appelées « yokai ». Un mot qui, à première vue, peut paraître simple, mais qui incarne une profondeur de sens et de nuances qui transcende sa traduction littérale.

Le mot « yokai » est composé de deux kanji : « yo », qui peut signifier « attirant, séduisant » ou « suspect, mystérieux », et « kai », qui signifie « mystère » ou « étrangeté ». Cette combinaison évoque un sentiment d'émerveillement, mais aussi de malaise. Les Yokai représentent ce qui est hors norme, ce qui échappe à la compréhension, souvent de manière fascinante, mais parfois aussi dérangeante.

Dans la tradition japonaise, les yokai sont une catégorie vaste et variable de créatures, d'esprits et de phénomènes. Certains sont bénins, d'autres malveillants ; certains peuvent avoir des caractéristiques humaines, tandis que d'autres peuvent ressembler à des animaux, à des objets ou même à des phénomènes naturels. Mais ce que tous les yokai ont en commun, c'est leur capacité à susciter un sentiment d'émerveillement ou de peur, à remettre en question les conventions et à poser des questions sur le monde qui nous entoure.

Les Yokai sont profondément ancrés dans la culture populaire japonaise. On les retrouve dans les contes populaires, les estampes ukiyo-e, les mangas et anime modernes. Ils sont le miroir des peurs, des désirs, des aspirations et des incertitudes de la société. Ils reflètent les tensions entre l'ancien et le moderne, le naturel et l'artificiel, l'humain et l'autre.

L'une des raisons pour lesquelles les yokai ont eu une présence si durable dans la culture japonaise est peut-être leur capacité à s'adapter et à évoluer au fil du temps. Si certains yokai ont des origines anciennes et sont liés à des traditions et croyances spécifiques, d'autres sont nés à une époque plus récente, reflétant les préoccupations et les défis d'une société en constante évolution.

Tout au long de ce chapitre, nous explorerons les différentes catégories de yokai, depuis les créatures qui habitent les rivières et les montagnes, jusqu'à celles liées aux objets du quotidien. Nous découvrirons comment ces entités, malgré leurs bizarreries, nous aident à mieux nous comprendre nous-mêmes et le monde dans lequel nous vivons.

Yokai terrestre : Kappa, Tanuki, Tsuchigumo

Le sol sur lequel nous marchons, la terre dont nous tirons notre subsistance et les montagnes qui s'élèvent majestueusement à l'horizon sont imprégnés d'histoires, de légendes et de mystères. Il n'est donc pas surprenant que de nombreux yokai aient des racines profondément ancrées dans le sol et soient associés à des lieux ou à des phénomènes naturels spécifiques sur Terre. Les yokai terrestres représentent les forces de la nature, mais aussi les peurs et les espoirs des humains liés à la terre. Ce sont des créatures qui vivent parmi les bois, les montagnes, les champs et les villages, souvent dans des endroits où la présence humaine entre en conflit avec la nature.

L'un des plus célèbres d'entre eux est le**Kappa**. Créatures des eaux intérieures, les Kappa sont connus pour leur apparence de tortue, avec une plaque sur la tête qui contient de l'eau, source de leur force. Ils sont notoirement espiègles et, selon les légendes, tentent d'attirer les humains dans les eaux pour leur voler un organe mythique appelé « shirikodama ». Cependant, ils ne sont pas entièrement malveillants : ils respectent les règles de l'étiquette, et baisser la tête devant un Kappa l'obligera à faire de même, faisant ainsi déborder l'eau de son assiette et le rendant inoffensif.

Le**Tanuki**, un autre yokai basé sur Terre, est un maître du déguisement et de la tromperie. Bien que ressemblant extérieurement à un raton laveur ou à un chien viverrin, le Tanuki a la capacité de se transformer en n'importe quoi, qu'il s'agisse d'un objet inanimé ou d'un humain. Souvent protagoniste d'histoires humoristiques, le Tanuki utilise ses pouvoirs pour tromper ou tromper les humains, mais rarement avec de mauvaises intentions.

Le**Tsuchigumo**, littéralement « araignée de terre », est une araignée gigantesque qui peut se transformer en un beau jeune homme ou une belle jeune femme pour tromper ses cibles. Dans les légendes anciennes, ces créatures étaient les ennemies de guerriers célèbres et étaient décrites comme des menaces à vaincre. Mais au fil du temps, leur image devient plus ambivalente, oscillant entre danger et séduction.

Un autre spécimen terrestre intéressant est le**Oni**, souvent traduit par « démon » ou « ogre ». Les Oni sont des créatures gigantesques à la peau multicolore, aux crocs saillants et aux cheveux sauvages. Bien qu'ils soient redoutés en tant que porteurs de malheur et de maladie, ils ne sont pas intrinsèquement mauvais. Certains Oni, en effet, étaient vénérés comme protecteurs ou divinités locales.

Yokai aquatique : Funayurei, Umibozu, Iso-Onna

L'eau, dans son immensité et sa profondeur infinies, a toujours inspiré un mélange d'émerveillement, de respect et de peur dans l'âme humaine. Les eaux du Japon, de ses rivières serpentines à ses côtes accidentées, sont le théâtre d'innombrables légendes et histoires de créatures mystérieuses et souvent redoutées. Les yokai aquatiques sont des manifestations des peurs humaines liées à la mer et à ses dangers, mais aussi à ses merveilles. Ce sont des créatures qui représentent l'inexploré, la puissance écrasante de l'océan et les mystères cachés sous la surface.

Le Funayurei fait partie de ces êtres énigmatiques. Ces « esprits de navire » sont des apparitions fantomatiques qui apparaissent lors des nuits brumeuses, souvent près des eaux calmes. On dit qu'ils émergent des profondeurs pour encercler les bateaux et demander des offrandes aux marins, comme des bols de riz ou de l'eau fraîche. S'ils ne sont pas satisfaits, ils peuvent provoquer des tempêtes ou couler le navire. Ils sont, à bien des égards, l'incarnation des angoisses des marins et des dangers inhérents aux voyages en mer.

Umibozu, littéralement « moine des mers », est un autre habitant terrifiant des eaux profondes. Sans prévenir, ce géant émerge des vagues, créant des tempêtes et d'énormes vagues. Son apparition est souvent précédée d'un calme, ce qui rend sa manifestation soudaine encore plus choquante. Malgré son nom, il n'a rien de monastique : avec son gros crâne chauve et ses yeux inquiétants, il est l'incarnation même de la terreur marine.

L'Iso-Onna, ou « femme côtière », est une créature perfide qui rôde sur les plages. En surface, cela peut ressembler à une belle femme lavant ses longs cheveux au crépuscule, mais cette vision enchanteresse est un piège mortel. Ses poils se transforment en filets et tentacules gélatineux qui capturent les pêcheurs et les passants imprudents, les traînant sous la surface pour s'en nourrir.

Yokai aérien : les souverains du ciel et les gardiens des vents

Les vastes étendues du ciel et les mystères des hauteurs ont toujours suscité l'étonnement et la vénération dans l'âme humaine. Le ciel, souvent inaccessible et mystérieux, est depuis des siècles le théâtre de légendes et de récits de créatures ailées et d'esprits errants. Les yokai aériens représentent non seulement la puissance du ciel et de ses phénomènes, mais aussi la liberté incontrôlable de l'élément aérien et sa capacité à influencer la vie sur Terre.

Le Tengu est peut-être le yokai aérien le plus célèbre et le plus respecté de la mythologie japonaise. Ces créatures sont souvent représentées avec des traits humains, mais avec un long nez pointu et des ailes puissantes. Habitants des montagnes sacrées et des bois profonds, les Tengu sont considérés à la fois comme protecteurs des arbres et des animaux, mais aussi comme tentateurs et trompeurs des humains. Au fil des siècles, leur représentation a connu de nombreuses évolutions : d'esprits espiègles et vengeurs ils sont devenus, dans de nombreux contextes, gardiens des temples et gardiens de la sagesse. Ils sont également liés aux arts martiaux, car ils auraient transmis ce savoir à des samouraïs et des moines méritants.

Harpyia, moins courant dans la mythologie japonaise mais non moins fascinant, trouve son origine dans des légendes extérieures mais a trouvé sa place dans les récits du Japon. Avec un corps d'oiseau et un visage de femme, l'Harpyia est souvent considérée comme un présage ou un messager. Bien que ses origines soient davantage ancrées dans la mythologie grecque, où il s'agissait d'une créature redoutable qui enlevait et punissait, dans le contexte japonais, l'Harpyia est parfois représentée comme un pont entre le ciel et la terre, un messager des dieux ou un esprit qui apporte avertissements et prophéties.

Yokai urbain et légendes modernes : Nurarihyon, Noppera-bo, Rokurokubi

Les villes japonaises, fusionnant tradition et modernité, ont toujours été des théâtres d'histoires et de légendes. Le long des rues bondées, dans les ruelles sombres ou dans les gratte-ciel modernes, se cachent des entités et des présences qui reflètent les peurs, les espoirs et les superstitions d'une société en constante évolution. Les yokai urbains sont des manifestations de ces tensions, représentant souvent les doutes et les préoccupations d'un monde en mutation.

Le Nurarihyon en est un parfait exemple. À première vue, il peut ressembler à un aîné respectable, mais derrière ce masque se cache un puissant yokai. Le Nurarihyon est connu pour infiltrer les maisons en l'absence des maîtres, s'asseyant comme s'il était le seigneur du manoir et ordonnant aux serviteurs de se déplacer. Il représente l'étrangeté et l'intrusion, la peur que quelque chose ou quelqu'un puisse bouleverser l'ordre établi de notre vie quotidienne.

Le Nuppepōest un yokai, ou esprit du folklore japonais, qui se distingue par son apparence et les histoires qui l'entourent. Voici une description détaillée :

Le Nuppeppō est décrit comme étant flasque et de forme douce, ressemblant à une masse de chair désossée, avec des plis et des rides ressemblant à un tas de peau épaisse et visqueuse. Son teint varie du rose pâle au jaune pastel, et il est souvent représenté avec de petits yeux lointains et une bouche presque invisible. Certaines histoires rapportent qu'il dégage une odeur nauséabonde, semblable à celle de la chair pourrie, détail qui augmente son caractère macabre et répulsif.

Malgré son apparence déroutante, le Nuppeppō est généralement considéré comme inoffensif. Il a tendance à apparaître dans des lieux éloignés de la civilisation, comme de vieux cimetières ou des temples abandonnés, et sa présence est souvent associée à un sentiment d'étrangeté ou d'irréalité. Les légendes disent que quiconque mange la chair du Nuppeppō obtiendra la vie éternelle. Cependant, comme le yokai est connu pour son odeur nauséabonde, rares sont ceux qui sont prêts à tenter de le capturer pour ces prétendues propriétés.

Nuppeppō est un exemple de la variété et de la richesse du folklore japonais. Bien qu'il ne fasse pas partie des yokai les plus célèbres, il constitue un exemple de la manière dont les croyances traditionnelles japonaises combinent des éléments de mystère, d'horreur et d'émerveillement de manière unique et inattendue.

Noppera-bo, ou « le visage sans traits », est l'un des yokai urbains les plus inquiétants. Ces entités sont des humains sans visage : les yeux, le nez et la bouche sont complètement absents, laissant une surface lisse et vide. Une rencontre avec un Noppera-bo est étrange et déstabilisante, remettant en question notre compréhension de l'identité et de la reconnaissance. Souvent associée à des lieux connus comme des ponts ou des carrefours, la rencontre avec un Noppera-bo est un avertissement sur la perte d'identité dans l'anonymat de la vie urbaine.

Enfin, le Rokurokubi représente l'altération et la déformation. Le jour, ces créatures vivent parmi les humains comme les gens normaux, mais la nuit, leur cou s'étend à des longueurs incroyables, permettant à leur tête de vagabonder librement. Cette métamorphose nocturne symbolise la double vie que mènent beaucoup dans la société moderne, avec un visage public présenté au monde et des secrets cachés dans l'ombre.

Sujet Yokai : La vie cachée des choses du quotidien

Dans une culture où tout, de la pierre à la rivière, est censé posséder un esprit, il n'est pas surprenant que même des objets ordinaires puissent se transformer en créatures surnaturelles. Ces yokai, appelés « tsukumogami », sont des objets qui ont atteint ou dépassé leur centième année de vie et qui, du fait de leur âge ou de circonstances particulières, ont acquis une âme et parfois une vengeance.

Le Boroboroton est l'un des plus représentatifs de cette catégorie. A l'origine un futon ancien et négligé, ce yokai se réveille la nuit pour étouffer ou hanter ceux qui l'ont négligé. C'est un avertissement sur le respect que nous devons avoir pour les objets que nous utilisons quotidiennement et sur le soin que nous devons apporter aux choses, même lorsqu'elles semblent avoir perdu leur valeur.

Kasa-obake est un autre exemple fascinant. Ce parapluie borgne à jambe rebondissante a une apparence amusante mais, selon les histoires, il peut avoir des intentions malveillantes. Symbole d'obsolescence et d'abandon, le Kasa-obake nous rappelle que les objets, une fois aimés et utilisés, peuvent se transformer en entités pleines de ressentiment s'ils sont abandonnés sans soin.

Biwa-bokubokureprésente la plainte d'un art oublié. A l'origine biwa, instrument de musique traditionnel japonais, ce yokai se manifeste lorsque l'instrument est négligé et n'est plus joué. Avec des yeux mélancoliques et des cordes vibrantes, il évoque la tristesse de l'oubli culturel et le désir d'être à nouveau le centre de l'attention.

Les Ittan-momen sont de longs et fins morceaux de tissu qui volent librement dans le ciel nocturne. Bien qu'ils puissent paraître inoffensifs, ils sont connus pour s'enrouler autour des voyageurs solitaires, les étouffant. Ils représentent la revanche inattendue d'objets négligés, qui reviennent punir ceux qui les ont oubliés.

Animaux Yokai : créatures sauvages et leurs mystères

Le monde animal, avec sa nature instinctive et son apparente proximité avec la terre et les éléments, est la source d'une vaste gamme de yokai, créatures qui franchissent la frontière entre le réel et le surnaturel. Dans le folklore japonais, de nombreux animaux peuvent se transformer, acquérant des pouvoirs et des intentions spéciales, parfois bienveillantes, parfois menaçantes.

Neko-mataest l'un des yokai animaux les plus énigmatiques. Ce chat à deux queues, généralement représenté avec des yeux brillants et un regard mystérieux, a la capacité de contrôler les morts. On dit que les chats domestiques qui vivent assez longtemps peuvent se transformer en Neko-mata, acquérant des pouvoirs magiques et une nature encore plus maléfique.

Inugami ce sont de puissants esprits canins souvent invoqués pour se venger et maudire. Nés de rituels sombres et souvent associés à des familles de sorcellerie, les Inugami sont craints pour leur férocité et leur loyauté envers leur maître. Leur apparence est celle d'un chien sauvage, mais ils peuvent prendre des formes humaines ou se mélanger aux autres pour exécuter les ordres de leur maître.

Bakénéko est un autre chat transformé, semblable au Neko-mata mais avec des pouvoirs différents. Même s'il peut avoir des intentions malveillantes, le Bakeneko peut également protéger une maison ou une famille. Ayant la capacité de prendre une forme humaine, ce yokai aime souvent semer le chaos, mais peut aussi chercher à rembourser une dette ou à montrer sa gratitude.

Le Kawauso est une loutre transformée qui adore tromper les humains. Grâce à sa capacité à prendre une forme humaine, le Kawauso fait souvent des farces ou incite les gens à demander de la nourriture ou des boissons. Malgré son caractère joueur, son comportement peut parfois devenir espiègle, voire dangereux.

Conclusion

Explorer le monde des yokai, c'est comme entrer dans une forêt dense et mystérieuse, où chaque recoin peut cacher une créature ou une histoire inattendue. Nous avons parcouru des domaines terrestres, des eaux mystérieuses, des cieux sans limites et des rues urbaines complexes, rencontrant des entités qui représentent à la fois la simplicité de la vie quotidienne et les grands mystères de l'existence. Chaque yokai, avec son histoire et sa nature uniques, offre un miroir à travers lequel réfléchir sur les aspects fondamentaux de la culture et de la psyché japonaises.

Bien que nous ayons examiné plusieurs grandes catégories de yokai, il convient de noter qu'il existe de nombreuses autres sous-catégories et variantes qui n'ont pas été abordées dans ce chapitre. Certaines de ces catégories mineures peuvent concerner des régions spécifiques du Japon ou des légendes locales particulières. De même, de nouveaux yokai peuvent émerger en réponse aux changements culturels et technologiques, démontrant la vitalité et l'adaptabilité de cet élément du folklore japonais.

En conclusion, les yokai, par leur grande diversité et leur profondeur, restent les témoins de la fascination inépuisable des récits populaires et du désir humain de donner nom et forme aux mystères de l'existence. À l'approche des prochains chapitres, nous continuerons à explorer d'autres dimensions des mythes et légendes japonais, sachant que chaque histoire, chaque créature a quelque chose d'unique à nous révéler.

CHAPITRE 4
YUREI : ÂMES AGITÉES

Dans chaque culture, les histoires d'esprits et d'âmes errants ont fasciné et terrifié des générations. Dans le tissu mythologique et folklorique du Japon, les Yurei jouent un rôle particulièrement important, incarnant les angoisses, les espoirs et les douleurs de l'existence humaine au-delà de la mort.

Le terme « Yurei » peut être traduit littéralement par « âme fantôme » ou « esprit évanescent ». Semblables aux fantômes de la tradition occidentale, les Yurei sont les âmes de personnes décédées qui, pour une raison ou une autre, n'ont pas trouvé la paix dans l'au-delà et continuent d'errer dans le monde des vivants. Souvent, ces esprits sont piégés en raison d'émotions intenses ou inattendues au moment de la mort, comme la colère, les remords ou la passion. La croyance en Yurei a de profondes racines historiques et religieuses au Japon, influencées principalement par le bouddhisme, le shintoïsme et les pratiques ésotériques.

La figure du Yurei est profondément liée à la conception japonaise de la vie après la mort. Dans le bouddhisme, on croit qu'après la mort, une âme traverse la rivière Sanzu pour atteindre l'au-delà. Cependant, si une personne meurt dans des circonstances traumatisantes ou si les cérémonies funéraires ne se déroulent pas correctement, l'âme peut ne pas traverser la rivière et devenir un Yurei.

La représentation emblématique du Yurei dans la culture populaire japonaise est celle de figures féminines vêtues de robes funéraires blanches, avec de longs cheveux noirs en désordre couvrant leur visage. Cette image, fortement ancrée dans l'imaginaire collectif, a été popularisée à travers l'art, la littérature et plus récemment le cinéma.

Ces esprits ne sont pas de simples spectateurs passifs du monde des vivants. De nombreux Yurei ont des missions spécifiques ou des désirs non satisfaits qu'ils cherchent à réaliser. Certains peuvent être vengeurs, d'autres tristes et d'autres encore simplement perdus. La diversité et la complexité de leurs histoires reflètent les nombreuses facettes de la condition humaine.

Tout au long de ce chapitre, nous approfondirons les différentes catégories de Yurei, explorant leurs histoires, leurs motivations et le contexte culturel et historique dont ils émergent. Avec chaque histoire, nous nous rapprochons un peu plus de la compréhension de l'interaction entre les mondes vivant et spirituel, ainsi que de la profonde influence des Yurei sur la culture japonaise.

Onryo : Esprits vengeurs

Les Onryo représentent l'une des catégories de Yurei les plus redoutées et respectées du panthéon japonais. Leur nom, qui peut être traduit par « esprit vengeur », reflète le cœur de leur existence : ce sont des âmes qui reviennent du monde des morts avec un agenda précis, souvent animé par un désir ardent de vengeance.

La genèse d'un Onryo est profondément enracinée dans la tragédie et l'injustice. Ce sont souvent les âmes de ceux qui sont morts dans des circonstances particulièrement violentes ou traumatisantes, comme un meurtre, un suicide ou une trahison. Cependant, leur mort n'est généralement pas un simple accident : elle est presque toujours le résultat de profondes injustices, d'actes pervers ou de trahisons amoureuses. Ces esprits sont piégés entre les mondes en raison du poids des émotions non résolues et du besoin de rétablir l'équilibre.

Dans le folklore japonais, les Onryo ne sont pas de simples spectres vengeurs, mais ont le pouvoir de causer de réels dommages, tant aux individus qu'à la société dans son ensemble. On pense qu'ils sont capables de déclencher des calamités naturelles telles que des tremblements de terre, des raz-de-marée et des épidémies, reflétant leur intense désir de vengeance à l'échelle cosmique. Cette croyance est profondément ancrée dans l'histoire japonaise : par exemple, certaines histoires relient la présence d'un Onryo à l'origine de certains des événements naturels les plus dévastateurs ayant frappé le Japon.

Dans la culture et l'art populaires, les Onryo sont souvent représentées comme des femmes. Cela peut être lié au concept traditionnel selon lequel les émotions féminines, en particulier la jalousie et la colère, sont particulièrement puissantes et, lorsqu'elles ne sont pas résolues, peuvent se manifester de manière particulièrement intense et destructrice. Un exemple emblématique d'Onryo est Oiwa, le fantôme d'une femme trahie et assassinée, dont l'esprit hante son assassin et ses proches, comme le raconte la célèbre histoire « Yotsuya Kaidan ».

Mais malgré leur caractère vengeur, les Onryo sont aussi des personnages tragiques. Ils sont prisonniers de leurs émotions, piégés dans un cycle sans fin de colère et de vengeance. Souvent, la seule façon de les apaiser est de recourir à des rituels spécifiques ou d'accomplir des actes qui corrigent l'injustice originelle.

Les Onryo, par leur pouvoir et leur tragédie, servent d'avertissement puissant dans les histoires japonaises : ils soulignent l'importance de l'équilibre émotionnel, de la justice et de l'attention portée aux conséquences de ses actes. Ils sont le reflet des peurs collectives d'une société, mais aussi un rappel de la nature humaine et de la profondeur des émotions qui peuvent transformer une âme en esprit vengeur.

Zashiki-warashi : L'esprit ludique des enfants

Parmi les différentes figures fantomatiques du folklore japonais, les Zashiki-warashi occupent une place particulière, se distinguant des autres entités par leur nature bienveillante et souvent ludique. Le terme « Zashiki-warashi » peut être traduit par « enfant de la chambre » et, comme son nom l'indique, ces esprits sont généralement associés à l'image d'enfants innocents.

Les Zashiki-warashi habitent les maisons, en particulier les pièces ou les coins rarement fréquentés, et sont considérés comme des esprits protecteurs. On pense que leur présence apporte chance et prospérité à la famille qui héberge la maison. Cependant, leur nature a un côté délicat : s'ils sont négligés ou offensés, ils peuvent devenir méchants ou, pire, décider d'abandonner la maison, emportant avec eux la fortune qu'ils s'étaient auparavant garanties.

Bien qu'invisible pour les adultes, on dit que Zashiki-warashi peut apparaître aux enfants ou, occasionnellement, aux membres de la famille particulièrement sensibles. Ils sont souvent décrits comme des enfants âgés de 5 à 6 ans, portant des kimonos traditionnels et, parfois, aux joues rouges et au rire contagieux. Leur présence est souvent annoncée par des rires, des bruits de petits pas ou des jeux mystérieux qui apparaissent dans les pièces vides.

L'une des légendes les plus fascinantes sur les Zashiki-warashi concerne leur origine. On dit qu'ils pourraient être les esprits d'enfants morts jeunes ou à naître, à la recherche d'un endroit où vivre, jouer et se sentir aimés. Ce lien avec les enfants perdus confère aux Zashiki-warashi une profondeur émotionnelle, faisant d'eux des figures à la fois joyeuses et mélancoliques.

Dans certaines régions du Japon, comme la préfecture d'Iwate, la croyance au Zashiki-warashi est particulièrement forte. Ici, de nombreuses maisons traditionnelles conservent des pièces spéciales, rarement dérangées, pour abriter les esprits de ces enfants. Traiter ces lieux avec respect et soin est considéré non seulement comme un signe de révérence envers les Zashiki-warashi, mais aussi comme un moyen de garantir que la chance et la protection restent avec la famille.

Les Zashiki-warashi, avec leur double nature d'esprits protecteurs et de figures d'enfants perdus, rappellent le lien profond entre les mondes visible et invisible dans le folklore japonais. Ils soulignent l'importance de l'équilibre, du respect des traditions et de la valorisation des aspects intangibles de la vie.

Funayurei : Esprits marins et fluviaux

Le Japon, archipel entouré de mers et parsemé d'innombrables rivières, entretient un lien profond avec l'eau. Il n'est donc pas surprenant que dans le vaste panorama du folklore japonais il existe des entités liées aux plans d'eau. Parmi eux, les Funayurei occupent une place prépondérante en tant que représentants des esprits marins et fluviaux.

Le nom « Funayurei » se traduit littéralement par « esprits des navires », et ils sont fréquemment décrits comme des apparitions fantomatiques qui émergent au milieu de la mer ou le long des voies navigables, souvent la nuit ou dans des conditions météorologiques défavorables. Selon la légende, les Funayurei peuvent apparaître comme des lumières mystérieuses dansant sur l'eau, comme des ombres brumeuses ou, dans certains contes, comme des figures humaines vêtues de vêtements mouillés qui tentent de couler des navires en tenant des lanternes près d'elles.

L'origine du Funayurei est entourée de tragédie. On pense qu'il s'agit des esprits de ceux qui sont morts en mer, que ce soit à cause d'un naufrage ou d'autres circonstances tragiques, et qui n'ont pas eu d'enterrement ou de cérémonie funéraire appropriée. Sans lien avec la terre et incapables de trouver la paix, ils errent sur les vagues, essayant parfois d'entraîner avec eux d'autres âmes dans l'abîme.

Le respect de ces esprits est profondément enraciné dans les communautés côtières du Japon. Les pêcheurs et les marins développèrent divers rites et cérémonies pour apaiser ces esprits et assurer la sécurité des voyages. Une pratique courante pour éviter la colère des Funayurei, lorsqu'ils sont aperçus en mer, consiste à jeter des pierres ou du riz à l'eau, geste destiné à rassasier les esprits ou à détourner leur attention.

Mais les Funayurei ne sont pas seulement des personnages redoutés. Certains contes parlent de ces esprits comme de gardiens des mers, de protecteurs des pêcheurs et de symboles de la nature éphémère et parfois cruelle de la vie humaine. Comme de nombreuses entités du folklore japonais, les Funayurei existent dans un vide entre le bien et le mal, représentant les dualités de la nature et de la condition humaine.

Les Funayurei sont un puissant rappel de la relation symbiotique entre l'humanité et l'environnement naturel dans le contexte culturel japonais. À travers ces légendes, nous reconnaissons la force indomptable de la nature et l'importance de vivre en harmonie avec elle, en respectant ses bénédictions et en craignant sa colère.

Conclusion

En explorant la tapisserie variée et fascinante du Yurei, nous nous immergeons dans une dimension où la vie et la mort, le connu et l'inconnu, s'entrelacent de manière unique. Les Yurei ne sont pas de simples fantômes ou apparitions ; ce sont des manifestations de la psyché et de la culture japonaises, porte-parole d'émotions, de désirs et de peurs universelles. Chaque catégorie de Yurei que nous avons explorée a ses racines dans des contextes historiques, géographiques et socioculturels spécifiques, faisant de chaque histoire et légende une pièce précieuse d'une mosaïque plus vaste.

Bien que nous ayons parcouru certaines des manifestations les plus marquantes et représentatives du Yurei, il est essentiel de reconnaître que l'univers des âmes agitées japonaises est vaste et multiforme. Il existe de nombreuses autres sous-catégories et variantes régionales du Yurei, chacune avec sa propre histoire et ses propres particularités. Ces catégories mineures, souvent liées à des traditions locales ou à des incidents historiques particuliers, enrichissent encore la complexité du paysage spirituel japonais.

Alors que nous clôturons ce chapitre, il est crucial de souligner que les Yurei ne sont pas seulement des créatures frontalières entre notre monde et l'au-delà ; ce sont aussi des ponts entre le passé et le présent. Grâce à eux, nous pouvons toucher le cœur et l'esprit de ceux qui nous ont précédés, mieux comprendre les peurs, les espoirs et les désirs qui animent l'essence même de la culture japonaise. Et peut-être retrouver certains de ces mêmes sentiments en nous-mêmes.

CHAPITRE 5
HÉROS LÉGENDAIRES JAPONAIS

Le Japon, avec sa riche histoire et sa profonde spiritualité, a donné naissance à une mosaïque de héros légendaires qui ont façonné son identité culturelle et morale. Ces héros, ancrés dans les chroniques anciennes, les légendes régionales et la poésie populaire, incarnent les aspirations, les valeurs et les désirs de la société japonaise à travers les époques.

Les héros légendaires japonais sont bien plus que de simples figures mythologiques ; ils sont le miroir de la société qui les a créés. Ils incarnent les vertus d'honneur, de loyauté, de courage et de sagesse. Ce sont de vaillants guerriers, des empereurs sages, des stratèges rusés et des divinités incarnées, dont la vie et les exploits sont racontés comme des exemples de rectitude morale et de courage. Dans le même temps, ces héros reflètent également les complexités et les contradictions de la nature humaine, offrant des leçons sur la façon de surmonter l'adversité, le sacrifice et la rédemption.

Dans un pays où nature et humanité sont profondément liées, nombre de ces héros sont souvent liés à des phénomènes naturels, des lieux sacrés ou des rituels anciens. Leurs histoires ont été transmises de génération en génération, racontées à travers la danse, le théâtre, la littérature et l'art, permettant aux nouvelles générations de se connecter aux racines de leur culture et de réfléchir aux valeurs qui définissent leur identité.

Tout au long de ce chapitre, nous explorerons la vie et les actes de certains des héros légendaires les plus illustres du Japon, en cherchant à comprendre le contexte dans lequel ils sont nés et la résonance qu'ils ont eu à travers les siècles. Du rusé Momotaro au vaillant Yamato Takeru, chaque héros offre un aperçu unique de la psyché collective japonaise et des forces qui ont façonné le pays à travers les âges.

Momotaro, le garçon qui pêche

Momotaro, également connu sous le nom de « Peach Boy », est l'une des figures héroïques les plus appréciées et les plus reconnaissables de la mythologie japonaise. Sa légende commence avec un vieil homme et une vieille femme, un couple sans enfants, qui vivent à la campagne. Un jour, alors que la femme lavait du linge au bord de la rivière, elle aperçut une gigantesque pêche flottant sur l'eau. Surpris et curieuse, elle décide de le ramener chez elle pour le partager avec son mari. Cependant, lorsqu'ils coupèrent la pêche, ils trouvèrent à l'intérieur un enfant, qu'ils nommèrent Momotaro, qui disait avoir été envoyé du ciel pour être leur fils.

En grandissant, Momotaro est devenu fort et courageux. L'un des récits les plus célèbres le voit se lancer dans une aventure pour vaincre un groupe d'oni, des démons qui faisaient des ravages sur une île lointaine. Avec l'aide des animaux dont il s'était fait ses alliés - un chien, un singe et un faisan - il réussit à vaincre les oni, ramenant des trésors à la maison et assurant la paix sur son pays.

La légende de Momotaro n'est pas seulement une histoire d'aventure et de courage, mais représente également des valeurs fondamentales de la culture japonaise, comme le respect des aînés, l'importance de la coopération et la détermination face à l'adversité. Au fil du temps, Momotaro est devenu un symbole de force et de justice, souvent utilisé dans les reportages et les médias comme exemple de droiture et de courage. Son histoire a été transmise de génération en génération comme une incarnation de ces idéaux, faisant de lui l'un des héros légendaires les plus emblématiques du Japon.

Kintaro et sa force extraordinaire

Kintaro, souvent représenté comme un jeune homme à la peau rouge vif et un foulard sur la tête, est un autre héros distinctif du folklore japonais. Connu pour sa force surhumaine depuis son enfance, il est devenu un symbole de force brute et de détermination dans le paysage mythologique japonais.

L'histoire raconte que Kintaro est né dans les montagnes, élevé par une mère qui vivait isolée de la société. On dit qu'il possédait des pouvoirs incroyables dès sa naissance. Il vivait en harmonie avec la nature et, grâce à sa force, il était capable de se battre avec des animaux sauvages, d'abattre des arbres à mains nues et même de déplacer de gigantesques rochers. Malgré ses capacités surnaturelles, il était connu pour être amical et jouer avec les animaux de la montagne, en particulier les ours, qu'il considérait comme ses amis proches.

La légende raconte qu'un jour, un samouraï nommé Minamoto no Yorimitsu traversa la montagne et remarqua les capacités extraordinaires de Kintaro. Conscient de son potentiel, Yorimitsu le prit sous son aile et l'amena dans la capitale. Kintaro, rebaptisé Sakata no Kintoki, devint l'un des quatre célèbres disciples de Yorimitsu et joua un rôle crucial dans ses nombreuses aventures, utilisant sa force pour vaincre de nombreux ennemis.

La figure de Kintaro incarne l'idée selon laquelle la véritable force vient du cœur et de la nature. Dans la culture japonaise, il représente l'interaction harmonieuse entre l'homme et la nature, et la conviction que l'environnement montagnard, en particulier, est une source de pouvoirs et de mystères. Son histoire rappelle également l'importance des liens familiaux et de la croissance personnelle grâce à l'orientation et au mentorat. À ce jour, Kintaro reste un exemple populaire dans le domaine de la narration et des arts, représentant l'idéal de force, de courage et d'intégrité.

Tamamo-no-Mae, le renard à neuf queues

Tamamo-no-Mae occupe une place unique dans la mythologie japonaise, servant de pont entre la beauté séduisante et la sombre malveillance. Contrairement à de nombreux héros et figures centrales du folklore japonais, Tamamo-no-Mae n'est pas une figure purement héroïque ; c'est plutôt un amalgame de mystère, de fascination et de danger.

Selon les légendes, Tamamo-no-Mae était une belle femme qui servait à la cour impériale. Elle était connue pour son intelligence extraordinaire et ses vastes connaissances dans divers domaines. Cependant, ce qui semblait au départ être un cadeau s'est vite révélé être une malédiction. Il s'est avéré que Tamamo-no-Mae n'était pas du tout humain, mais un puissant kitsune, ou renard magique, à neuf queues. Les Kitsune sont des créatures connues dans la mythologie japonaise pour leur capacité à se transformer en humains et pour leurs capacités de séduction et de tromperie.

La légende raconte que Tamamo-no-Mae aurait utilisé sa magie pour empoisonner l'Empereur et absorber son énergie vitale. Lorsque sa véritable identité fut révélée, elle se transforma en renard et s'enfuit, mais fut finalement traquée et tuée par les guerriers impériaux. Sa mort ne marque pas la fin de son histoire : son esprit serait devenu un « Sessho-seki », ou « pierre meurtrière

», qui émettait un poison mortel. Cette pierre est restée un objet de terreur jusqu'à ce que, selon certaines versions de l'histoire, elle soit détruite par un moine bouddhiste qui a libéré l'esprit de Tamamo-no-Mae.

L'histoire de Tamamo-no-Mae représente les dangers de la séduction et de la tromperie. Dans la culture japonaise, les renards sont souvent considérés comme des créatures rusées, et le kitsune en particulier est connu pour sa capacité à tromper les humains. Mais Tamamo-no-Mae n'est pas seulement un avertissement ; c'est aussi un symbole de la complexité de la nature humaine et des tensions entre désir et devoir, entre réalité et apparence. Sa légende soulève des questions sur la vérité, la confiance et le prix de l'ambition. Au fil des siècles, son histoire a été adaptée de nombreuses manières, mais son cœur – la tension entre la beauté et la malveillance, la vérité et la tromperie – reste profondément enraciné dans le tissu de la culture japonaise.

Minamoto no Yorimasa

Minamoto no Yorimasa est une figure emblématique des épopées historiques japonaises, dont le nom résonne à la fois comme un guerrier audacieux et un poète raffiné. Né en 1106, Yorimasa est issu du prestigieux clan Minamoto et a vécu une période tumultueuse de l'ère Heian et du début de la période Kamakura. Dès ses premières années, il se fait connaître par ses compétences au combat, se distinguant dans de nombreuses campagnes militaires. Cependant, l'un des épisodes les plus célèbres et les plus audacieux de sa carrière a été celui où il a affronté le Nue, une créature mythique présentant les caractéristiques d'un tigre, d'un singe, d'un serpent et d'un dragon. On disait que ce monstre tourmentait l'Empereur avec ses cris nocturnes. Avec beaucoup de courage, Yorimasa tua les Nue d'une seule flèche, un exploit qui renforça encore davantage sa réputation de héros parmi le peuple.

Mais Yorimasa n'était pas seulement un combattant ; il avait aussi une âme artistique. Sa passion pour la poésie waka, une forme traditionnelle de la poésie japonaise, l'a amené à composer de nombreux vers reflétant ses réflexions sur la vie, la guerre et la nature. Sa sensibilité poétique contrastait de manière fascinante avec son image de guerrier intrépide, faisant de Yorimasa une figure complexe et multidimensionnelle.

Malgré ses exploits et le respect qu'il a gagné, la vie de Yorimasa s'est terminée tragiquement. Durant la rébellion Heiji, reconnaissant une défaite inévitable, Yorimasa choisit de commettre le seppuku, le suicide rituel des samouraïs, pour préserver son honneur. Dans son dernier souffle, cependant, il démontra une fois de plus sa profondeur d'âme en composant un dernier poème méditant sur la nature éphémère de la vie et de la renommée.

Dans l'histoire du Japon, Minamoto no Yorimasa représente l'idéal du samouraï : un guerrier doté de force et de courage, mais aussi d'une profonde sensibilité et d'un dévouement aux arts. Sa vie et son héritage nous rappellent avec force les intersections complexes de l'art, de l'honneur et du devoir dans la culture des samouraïs.

Yamato Takeru

Yamato Takeru est l'une des figures héroïques les plus emblématiques du folklore japonais et son histoire est profondément liée à la naissance et à l'identité du Japon en tant que nation. Sa légende est issue d'anciennes annales japonaises, dont le « Kojiki » et le « Nihon Shoki », et reflète l'image du héros aventureux et vertueux qui surmonte d'énormes défis.

Né prince dans le royaume de Yamato, Takeru était connu pour son audace et son esprit indomptable dès sa jeunesse. Cependant, ses premières actions furent marquées par la rébellion et le défi à l'autorité. Après avoir défié et tué son frère en duel, il fut envoyé en exil par son père, l'empereur Keiko, avec pour mission de soumettre les tribus rebelles de l'est du pays. Cette tâche aurait pu ressembler à une punition, mais c'était en réalité l'occasion pour Takeru de prouver sa valeur.

Au cours de ses aventures, Yamato Takeru a dû affronter des ennemis humains et surnaturels. Il était équipé de l'épée invincible Kusanagi, l'un des trois trésors impériaux du Japon, qui l'aida dans nombre de ses exploits. Dans l'un de ses défis les plus célèbres, il a vaincu un gigantesque serpent blanc grâce à son ingéniosité et à la puissance de son épée.

Cependant, malgré ses nombreuses victoires, la vie de Takeru a été marquée par une tristesse omniprésente. Après avoir perdu sa femme Ototachibana, qui s'est sacrifiée pour le sauver lors d'une tempête en mer, Takeru est devenu de plus en plus réfléchi et mélancolique.

Sa mort fut aussi héroïque que sa vie. Selon la légende, alors qu'il voyageait à travers les montagnes, il fut trahi et empoisonné. Mais au lieu de succomber silencieusement, elle s'est transformée en oiseau blanc et a chanté une chanson d'adieu touchante, dernier témoignage de son esprit indomptable.

Yamato Takeru représente l'idéal de courage et de vertu au milieu de l'adversité. Son histoire, imprégnée d'aventure, de tragédie et de réflexion, est une exploration des défis et des sacrifices nécessaires pour réaliser de grands exploits. Pour les Japonais, c'est un symbole de l'esprit national indomptable, un rappel des temps anciens où les héros parcouraient le pays et où le destin du pays était encore en devenir. Sa légende rappelle l'importance de l'honneur, du sacrifice et du courage dans chaque défi de la vie.

Taro d'Urashima

Urashima Taro est l'un des noms les plus célèbres et les plus mystérieux du panorama des légendes japonaises. Son histoire, en plus d'offrir une aventure enchanteresse et visionnaire, apporte de profondes réflexions sur le temps, la vie et les décisions qui façonnent notre destin. Racontée sous de multiples versions au fil des siècles, la légende a conservé une constante : la beauté mélancolique du monde sous-marin et le prix à payer pour revenir à la réalité.

L'histoire d'Urashima Taro commence simplement : c'était un jeune et humble pêcheur qui vivait dans un petit village côtier. Un jour, alors qu'il travaillait sur la plage, il sauva une tortue maltraitée par des enfants. En remerciement, la tortue s'est transformée en une belle princesse, Otohime, et l'a invité au Palais du Dragon, un royaume sous-marin de merveilles.

Au Palais du Dragon, Taro était traité comme un invité d'honneur. Il passa des journées plongée dans le plaisir et l'émerveillement et tomba amoureux d'Otohime. Mais malgré le cadre enchanteur, la nostalgie de son monde natal commença à le tourmenter. Lorsqu'il exprima son désir de retourner dans son village, Otohime, bien que navré, lui offrit une mystérieuse boîte en l'avertissant de ne jamais l'ouvrir.

De retour chez lui, Taro se rendit compte que si seulement quelques jours s'étaient écoulés au Palais du Dragon, de nombreuses années s'étaient écoulées dans son village. Tout avait changé : sa maison était en ruines, ses proches avaient disparu et personne ne le reconnaissait. Désespéré et confus, il ne put s'empêcher d'ouvrir la boîte qu'Otohime lui avait donnée. Un nuage blanc en émergea et Taro vieillit rapidement, devenant un vieil homme décrépit.

La légende d'Urashima Taro est une méditation sur l'éphémère de la vie et les choix qui déterminent notre destin. Le royaume sous-marin, avec ses merveilles, représente l'illusion d'un temps suspendu, tandis que le retour au monde réel est une prise de conscience douloureuse de la fatalité du temps. Pour les Japonais, l'histoire est un avertissement sur la nature transitoire de la vie et la valeur des décisions que nous prenons, soulignant que chaque choix a des conséquences, parfois irréversibles. Urashima Taro est un symbole de la tension entre le désir d'évasion et la réalité, entre le rêve et la vérité de notre existence mortelle.

Abe no Seimei

Abe no Seimei occupe une place d'honneur dans l'imaginaire japonais comme le plus grand et le plus légendaire onmyoji, ou maître des arts ésotériques et des pratiques divinatoires. Sa renommée a transcendé les frontières historiques, faisant de lui une figure mythologique, mi-sorcier, mi-scientifique, dont la vie est enveloppée d'une aura de mystère et de magie.

Né dans la seconde moitié du Xe siècle, Abe no Seimei a servi plusieurs empereurs et nobles en tant qu'expert en onmyodo, une ancienne pratique divinatoire japonaise dérivée de la cosmologie chinoise. Il était considéré comme un maître dans l'interprétation des phénomènes astraux, l'exécution de rituels de protection et la communication avec les esprits. Ses compétences et ses connaissances étaient si vastes qu'il était censé être capable d'exorciser les mauvais esprits, de prédire l'avenir et de comprendre les secrets de l'univers.

Ce qui rend Abe no Seimei particulièrement fascinant, ce sont les nombreuses légendes qui tournent autour de lui. On dit qu'il est né d'un renard céleste, ce qui lui confère des capacités et une longévité surhumaines. L'une des histoires les plus célèbres implique qu'il découvre un complot de son rival onmyoji visant à utiliser la magie à des fins néfastes. Grâce à sa sagesse et à ses compétences, Seimei a non seulement déjoué le complot, mais a également démontré la supériorité de son art.

L'un des éléments tangibles liés à Seimei est le Seimei-jinja, un sanctuaire qui lui est dédié à Kyoto. Ce lieu sacré est devenu un point de référence pour ceux qui recherchent protection ou bénédictions dans les arts ésotériques. De plus, son influence persiste dans la culture populaire japonaise, où il est souvent représenté dans les films, les anime et les mangas comme un puissant sorcier.

La légende d'Abe no Seimei est profondément enracinée dans la compréhension japonaise de l'harmonie entre l'humain, la nature et le divin. Sa figure représente l'idéal du sage, celui qui, par la connaissance et la pratique, fait la médiation entre le monde visible et invisible. Pour les Japonais, Abe no Seimei est un symbole de sagesse, de protection et de maîtrise des arts ésotériques, incarnant l'idée selon laquelle, grâce au dévouement et à l'étude, les êtres humains peuvent parvenir à une compréhension profonde des mystères de l'univers.

Benkei

Dans les annales et l'imaginaire japonais, la figure de Musashibo Benkei apparaît comme un moine-guerrier (ou « sohei ») à la stature et à la force imposantes, symbole de loyauté, de courage et d'honneur. Sa légende est intrinsèquement liée à celle de Minamoto no Yoshitsune, l'un des samouraïs les plus célèbres de l'histoire japonaise, dont Benkei devint un fidèle compagnon et protecteur.

L'histoire raconte que Benkei était un moine errant doté d'une force extraordinaire. Il aurait vaincu et pillé 999 samouraïs sur le pont Gojo à Kyoto, dans l'intention de faire de la millième épée un trophée. Cependant, sa séquence fut interrompue par un jeune samouraï, qui n'était autre que Minamoto no Yoshitsune. Malgré la différence de taille et le jeune âge de Yoshitsune, Benkei fut vaincu par lui dans un duel épique. Impressionné par les compétences et l'audace du jeune samouraï, Benkei décida de devenir son serviteur, lui jurant une fidélité éternelle.

Benkei accompagna Yoshitsune dans de nombreuses batailles, démontrant une loyauté inconditionnelle. Leur complicité devient un symbole de fraternité d'armes, un lien qui dépasse la simple relation entre seigneur et vassal. L'une des histoires les plus célèbres raconte que, lors de la dernière bataille de Koromogawa, alors que Yoshitsune était piégé et sans issue de secours, Benkei s'est érigé comme une barrière invincible devant le pont, défiant et repoussant de nombreux ennemis, jusqu'à ce qu'il tombe sur ses pieds. , touché par de nombreuses flèches et blessures mortelles, mais sans jamais abandonner.

L'image de Benkei mourant vaillamment debout, défendant son seigneur jusqu'à son dernier souffle, est devenue un puissant symbole de dévouement, d'honneur et de loyauté dans les contes et pièces de théâtre japonais. Sa silhouette est célèbre non seulement pour sa force physique, mais surtout pour son esprit indomptable et sa loyauté absolue.

Dans la culture japonaise, le Benkei représente l'idéal du guerrier fidèle, la personnification de l'éthique du bushido. Son histoire et son lien avec Yoshitsune ont été immortalisés dans de nombreuses œuvres d'art, dans le théâtre nô et dans le kabuki, et sont devenus des emblèmes de loyauté et d'abnégation dans le Japon ancien. A travers la légende de Benkei, nous réfléchissons sur l'importance des valeurs, le sens du sacrifice et la profondeur des liens entre les individus en temps de conflit et de paix.

Conclusion

Les héros légendaires du Japon ne sont pas simplement des personnages historiques ou mythologiques ; ils incarnent des valeurs, des idéaux et des aspirations qui ont façonné et inspiré des générations entières. Leur présence dans la culture japonaise démontre l'importance des récits qui transcendent le temps, des histoires qui deviennent les piliers d'une société et représentent ses croyances les plus profondes. Bien que nous n'ayons exploré que quelques-uns de ces héros, le tissu de l'histoire et de la mythologie japonaise est parsemé de nombreux autres individus vaillants et charismatiques, chacun avec ses propres aventures et leçons à partager.

Le charme de ces légendes réside non seulement dans les actes extraordinaires accomplis par ces héros, mais aussi dans leur humanité. À travers leurs histoires, nous sommes invités à réfléchir sur les nuances de la nature humaine, sur la tension entre devoir et désir, entre honneur et ambition. Ils rappellent qu'au-delà des exploits épiques, c'est la force de caractère, la détermination et la loyauté qui définissent un véritable héros.

Dans chaque histoire, dans chaque légende, il y a une étincelle de vérité universelle, une lumière qui éclaire le chemin de l'humanité. Ces héros, dont les histoires sont ancrées dans le tissu japonais, sont des phares qui nous guident, nous rappelant que l'héroïsme ne réside pas seulement dans les grandes batailles, mais aussi dans les choix quotidiens, dans l'intégrité et dans le courage de rester fidèles à ce que nous croyons. . Alors que ce chapitre se termine, il est impossible de ne pas se sentir inspiré et curieux, prêt à explorer davantage le vaste paysage de héros et de légendes qui ont façonné le cœur et l'âme du Japon.

CHAPITRE 6
LÉGENDES JAPONAISES LES PLUS CÉLÈBRES

Le Japon, archipel à la nature fascinante et à l'histoire millénaire, a généré au fil des siècles une myriade de légendes qui se sont mêlées à la vie quotidienne de ses habitants. Ces légendes, enracinées dans les anciennes croyances shinto et bouddhistes, l'histoire féodale et les traditions locales, représentent une lentille à travers laquelle nous pouvons observer la complexité et la profondeur de la psyché et de la culture japonaises. Les légendes sont souvent la manifestation d'espoirs, de peurs, de désirs et de dilemmes humains. Ils reflètent la lutte entre le bien et le mal, l'harmonie avec la nature et le conflit avec les forces obscures.

En plus d'être des récits fascinants, les légendes japonaises jouent un rôle essentiel dans l'enseignement des valeurs éthiques et morales. À travers des histoires d'amour, de sacrifice, de trahison et de rédemption, des leçons sont transmises sur l'importance de l'honneur, de la loyauté et de la persévérance. Beaucoup de ces contes sont tellement intégrés dans le tissu culturel japonais qu'ils sont repris dans des festivals, des pièces de théâtre et même dans l'art et la littérature modernes.

Tout au long de ce chapitre, nous explorerons certaines des légendes les plus célèbres et les plus influentes du Japon. Chacune de ces histoires, en plus d'offrir un divertissement captivant, révèle quelque chose de profond sur la nature humaine et sur le contexte historique et culturel dans lequel elle est née. Ces légendes ne sont pas seulement une fenêtre sur le passé, mais aussi un pont qui relie les traditions anciennes aux sensibilités et aspirations contemporaines.

Adonnons-nous donc à un voyage à travers le temps et l'espace, en plongeant dans les eaux profondes des légendes japonaises, pour découvrir les trésors cachés du récit et de la sagesse de ce pays extraordinaire.

L'histoire de la princesse Kaguya

La légende de la princesse Kaguya, également connue sous le nom de « Le conte du coupeur de bambou » (Taketori Monogatari), est l'une des œuvres littéraires les plus anciennes du Japon et l'un de ses récits folkloriques les plus emblématiques. Il s'agit d'un conte qui mélange des éléments de fantaisie, de romance et de mystère, offrant un regard fascinant sur la culture japonaise de l'ère Heian (794-1185 après JC).

L'histoire: Un jour, Okina, un coupeur de bambou âgé, trouve une canne de bambou brillante. À l'intérieur, il découvre une petite princesse rayonnante, pas plus grosse que son doigt. Il décide de la ramener chez lui, où lui et sa femme, n'ayant pas d'enfants, l'adoptent et la nomment Kaguya-hime (Princesse Radieuse). Au fil du temps, Kaguya devient une femme d'une beauté extraordinaire. Sa renommée se répandit dans tout le pays, attirant de nombreux prétendants. Cinq princes viennent lui demander sa main, mais Kaguya les teste, leur confiant des tâches impossibles. Ils échouent tous dans leur tentative. Même l'empereur du Japon découvre sa beauté et tombe amoureux d'elle, mais Kaguya rejette gentiment sa demande en mariage.

Au fil du temps, il devient clair que Kaguya-hime cache un secret : elle vient du Moon Palace et a été envoyée sur Terre comme punition temporaire. Lorsque les célestes viennent la reprendre, Kaguya avoue sa véritable origine à ses parents adoptifs et exprime sa douleur de devoir les quitter. Malgré la douleur de la séparation, Kaguya retourne sur la Lune, laissant derrière elle sa famille terrestre et un empereur au cœur brisé.

Signification et importance: L'histoire de la princesse Kaguya reflète les multiples thèmes et valeurs de la culture japonaise. L'un d'eux est la beauté éphémère et la douleur de l'éphémère, représentées par la croissance et le déclin rapides de Kaguya sur Terre. Ce thème est souvent exprimé dans la littérature et l'art japonais, en référence aux fleurs de cerisier qui s'épanouissent et tombent en peu de temps, symbolisant la fragilité et la brièveté de la vie.

La légende souligne également l'importance des liens familiaux. Malgré son origine céleste, Kaguya développe un profond attachement à sa famille terrestre, montrant à quel point les liens créés par l'affection peuvent être aussi forts et significatifs que ceux du sang.

Enfin, l'histoire peut être interprétée comme une critique de l'ostentation et de la cupidité. Les prétendants de Kaguya, par leurs actions, représentent l'arrogance et la superficialité, tandis que la vie pure et simple de la famille des coupeurs de bambou symbolise des valeurs véritables et authentiques.

Dans l'ensemble, "Le Conte du coupeur de bambou" est un témoignage fascinant des aspirations, des valeurs et des craintes de la société japonaise de l'ère Heian, mais reste, avec ses thématiques universelles, profondément d'actualité aujourd'hui.

La légende du Mont Fuji

Le mont Fuji, avec sa présence majestueuse, n'est pas seulement une merveille naturelle du Japon, mais est également imprégné de mythologie et de spiritualité. Il existe de nombreuses légendes liées à cette montagne sacrée, mais l'une des plus célèbres concerne son origine et son lien avec la terre des immortels.

L'histoire: Selon l'une des légendes les plus connues, il y a plusieurs siècles, le Japon n'avait pas de montagnes et la terre était aussi plate qu'une table. Un jour, cependant, les dieux du ciel envoyèrent un dragon flamboyant sur terre. Ce dragon, avec sa fureur, commença à dévorer les gens et à tout détruire sur son passage. Les dieux, voyant la destruction provoquée par le dragon, décidèrent d'intervenir. Ils firent appel à un puissant guerrier venu du ciel, appelé Yamato, et lui confièrent la tâche d'arrêter le dragon.

Après une bataille épique, Yamato réussit à confiner le dragon sous terre et, pour sceller son pouvoir et l'empêcher de revenir, créa une montagne au-dessus de lui. Cette montagne est devenue le Mont Fuji. La fumée qui s'échappe parfois du sommet de la montagne serait, selon la légende, le souffle du dragon piégé.

Signification et importance : Le Mont Fuji est un symbole puissant pour les Japonais, représentant la beauté, la spiritualité et la puissance. La légende de son ascension fournit non seulement une explication mythologique de son existence, mais met également en évidence le lien entre l'homme, la nature et les dieux dans la culture japonaise.

La bataille entre Yamato et le dragon symbolise la lutte entre le bien et le mal, entre l'ordre et le chaos. La victoire de Yamato souligne l'importance de l'équilibre et de la protection des valeurs et des terres. L'idée que sous Fuji se trouve un dragon agité sert également d'avertissement : la nature, bien que belle et sacrée, peut aussi être imprévisible et puissante, et doit être respectée.

En plus de sa mythologie, le mont Fuji a une profonde signification religieuse. Considérée comme la demeure des dieux et un lieu de connexion entre le ciel et la terre, de nombreuses personnes entreprennent des pèlerinages pour gravir la montagne, dans l'espoir de se rapprocher des dieux et d'acquérir l'illumination spirituelle.

En conclusion, la légende du Mont Fuji fournit non seulement une explication mythologique à sa création, mais souligne également l'importance de l'équilibre, du respect de la nature et du lien spirituel dans la culture japonaise. La montagne n'est pas seulement un panorama majestueux, mais un lieu sacré qui rappelle continuellement aux Japonais le pouvoir et le caractère sacré de la nature.

La Légende de Tanabata (La Fête des Étoiles)

Dans la tapisserie vaste et colorée des légendes japonaises, Tanabata occupe une place particulière, étant l'une des fêtes les plus romantiques et poétiquement évocatrices. Cette légende trouve ses racines à la fois dans la mythologie japonaise et dans les anciennes histoires chinoises.

L'histoire:L'histoire tourne autour de deux personnages centraux : Orihime, le tisserand étoilé, et Hikoboshi, le berger étoilé. Orihime, représenté par l'étoile Vega, et Hikoboshi, représenté par l'étoile Altaïr, tombèrent follement amoureux. Cependant, leur amour était si profond et si écrasant qu'ils ont complètement négligé leurs devoirs. Orihime a arrêté de tisser et Hikoboshi a permis à son troupeau de parcourir librement le ciel.

Enragé par leur comportement imprudent, le père d'Orihime, le Roi du Ciel, décida de les séparer, les plaçant chacun sur des côtés opposés de la Voie Lactée. Ils étaient condamnés à vivre séparément et à ne pouvoir se réunir qu'une fois par an, le septième jour du septième mois. Mais leur tristesse fut si grande que le roi des cieux fut ému et leur permit de se réunir chaque année, à condition qu'Orihime ait terminé son travail de tissage.

Chaque année, à cette date, un groupe de pies forme un pont sur la Voie Lactée pour permettre aux deux amoureux de se retrouver. S'il pleut ce jour-là, on dit que les pies ne pourront pas venir, et les deux amoureux devront attendre encore un an pour se retrouver.

Le sens et l'importancede cette légende pour les Japonais se manifestent dans la fête de Tanabata, célébrée le 7 juillet ou, dans certaines régions, début août, selon les traditions locales. Pendant le festival, les rues et les temples sont ornés de décorations colorées en papier et en bambou. Les gens écrivent leurs vœux sur des bandes de papier colorées, en espérant que, comme Orihime et Hikoboshi, leurs rêves et leurs souhaits puissent également se réaliser.

La légende de Tanabata symbolise le pouvoir de l'amour, la tragédie de la séparation et l'espoir des retrouvailles. Cela reflète également l'importance de concilier devoir et passion dans la culture japonaise, soulignant les conséquences qui peuvent découler de l'abandon de ses responsabilités. Et comme beaucoup d'autres légendes japonaises, Tanabata se mêle harmonieusement à la nature, au cycle des saisons et à l'immensité du cosmos, représentant le lien intime entre l'homme et l'univers.

La légende du renard à neuf queues

La légende du renard à neuf queues, connue en japonais sous le nom de « Kyūbi no Kitsune » (九尾の狐), est l'une des histoires les plus fascinantes et les plus répandues de la mythologie japonaise. Cette figure mythologique a ses racines dans les anciennes traditions asiatiques, avec des variantes de l'histoire également présentes dans les mythologies chinoises et coréennes.

Dans les récits japonais, le Kyūbi no Kitsune est souvent décrit comme un renard doté de grands pouvoirs et de magie. À mesure que le renard vieillit et accumule de la sagesse, il gagne des queues supplémentaires, jusqu'à ce qu'il atteigne un total de neuf, moment auquel sa puissance atteint son apogée. Ces renards sont souvent décrits comme des créatures capables de se transformer en belles femmes, dans le but de séduire les hommes, souvent animés de motivations malveillantes.

La légende du Kyūbi no Kitsune contient divers thèmes récurrents, tels que la séduction, la tromperie et la vengeance. Dans de nombreuses histoires, le renard utilise ses capacités de transformation pour tromper les humains à volonté. Cependant, toutes les histoires ne la décrivent pas comme une entité maléfique. Dans certaines variantes, le renard peut aussi devenir un protecteur ou un allié précieux.

Le sens de cette légende est profond et multiforme. D'une part, il représente la nature trompeuse et changeante des choses, avertissant de la possibilité que ce qui semble beau et fascinant puisse cacher de sinistres intentions. D'un autre côté, il exprime également l'idée que la sagesse et l'expérience peuvent donner du pouvoir et que ce pouvoir peut être utilisé aussi bien pour le bien que pour le mal.

En plus de sa présence dans la mythologie, la figure du Kyūbi no Kitsune a grandement influencé la culture populaire japonaise, apparaissant dans de nombreuses œuvres d'art, littérature, films et, plus récemment, anime et manga. Sa persistance dans le tissu culturel du Japon témoigne de l'importance et de l'attrait de cette légende au fil des siècles.

La légende de Kiyohime et du moine Anchin

Dans l'imaginaire folklorique japonais, la légende de Kiyohime et Anchin est une histoire intense qui explore les frontières de l'amour, de la passion et de la vengeance. En même temps, c'est une métaphore puissante des dangers d'une passion incontrôlée et des conséquences de ses actes.

Histoire raconte l'histoire de Kiyohime, la fille d'un propriétaire d'auberge sur la rivière Hidaka, qui tombe amoureuse du jeune et beau moine Anchin, qui séjourne dans leur auberge lors de ses voyages religieux. Anchin rend d'abord la pareille aux attentions de Kiyohime, mais au fil du temps, inquiet pour ses vœux monastiques et ses responsabilités religieuses, il décide de mettre fin à leur relation.

Cependant, lorsqu'Anchin part pour un autre voyage en promettant de revenir, mais sans l'intention de tenir sa promesse, Kiyohime commence à soupçonner sa tromperie. Il décide de le suivre, et quand Anchin se rend compte qu'il est suivi, il s'échappe en traversant la rivière Hidaka. Pour arrêter Kiyohime, il demande aux bateliers de ne pas la porter de l'autre côté.

La détermination de Kiyohime, alimentée par la colère et un sentiment de trahison, la transforme en serpent géant. Utilisant sa nouvelle forme, il traverse la rivière et poursuit Anchin jusqu'à un temple. Anchin, essayant d'échapper à sa fureur, se cache dans une cloche de temple. Mais Kiyohime, avec son pouvoir de serpent, enveloppe la cloche et fait fondre le métal avec sa chaleur, tuant le moine à l'intérieur.

Le sens et l'importance: La légende de Kiyohime et Anchin est profondément ancrée dans le contexte culturel japonais, proposant une réflexion sur les dangers de l'obsession, le pouvoir de transformation et les conséquences de ses actes. La figure de Kiyohime, en particulier, représente la force destructrice des émotions incontrôlées et des passions irrationnelles.

Pour les Japonais, cette histoire est un avertissement sur les conséquences de ses actes, notamment en matière de relations et de promesses. Il met également en évidence la fluidité de la nature humaine, la capacité de se transformer et de changer en réponse à ses sentiments et aux circonstances. Le rituel consistant à sonner les cloches du temple pendant le Nouvel An, dans certaines interprétations, est également considéré comme un moyen d'apaiser l'esprit de Kiyohime, assurant prospérité et protection pour l'année à venir.

La Légende d'Issun-bōshi (Le Petit Samouraï)

Issun-bōshi est l'une des légendes les plus fascinantes et les plus distinctives du folklore japonais. Également connu sous le nom d'histoire du « samouraï d'un pouce », il s'agit d'un conte de fées qui raconte les aventures d'un garçon de très petite taille, mais avec le courage et la détermination à la mesure d'un véritable héros.

Histoirecommence avec un couple de personnes âgées sans enfants qui veut désespérément un bébé. Leurs prières sont exaucées, mais de manière inattendue : un bébé en bonne santé mais de la taille d'un doigt est né, d'où le nom Issun-bōshi, qui signifie « un pouce ». Malgré sa petite taille, Issun-bōshi est déterminé à réaliser de grandes choses et part vers la capitale pour chercher fortune.

Armé uniquement d'un bol de riz en guise de bateau et d'une aiguille en guise d'épée, il affronte divers dangers, notamment des démons et des brigands. Au cours de ses aventures, il rencontre une jeune princesse dont il tombe amoureux. La princesse est d'abord surprise par sa taille, mais est également impressionnée par son courage. Lors d'une rencontre avec un oni (un démon), Issun-bōshi utilise sa ruse et son courage pour le vaincre et obtient un maillet magique (connu sous le nom de « Uchide no Kozuchi ») qui peut exaucer n'importe quel souhait. À l'aide du maillet, Issun-bōshi se transforme en un beau jeune homme de taille normale, et lui et la princesse vivent heureux pour toujours.

Le sens et l'importance: La légende d'Issun-bōshi est importante pour les Japonais car elle met l'accent sur le thème du dépassement de ses limites et de la valorisation de ses capacités intérieures au-delà des apparences extérieures. L'histoire enseigne qu'avec de la détermination, du courage et de la ruse, même les obstacles les plus insurmontables peuvent être surmontés.

Dans la culture japonaise, Issun-bōshi représente également l'idée selon laquelle la grandeur ne se définit pas par la taille ou la force physique, mais plutôt par la force de caractère et l'intégrité de la personne. L'histoire est souvent racontée aux enfants comme un exemple de courage, de détermination et d'ingéniosité. Parallèlement, la légende a influencé diverses formes d'art, du théâtre au film d'animation, démontrant son intemporalité et sa résonance au cœur de la culture japonaise.

Conclusion

Le Japon est une nation qui, depuis des millénaires, a façonné une riche tapisserie de mythes, d'histoires et de légendes qui reflètent son lien profond avec la nature, la spiritualité et les nuances de l'expérience humaine. À travers les récits que nous avons explorés dans ce chapitre, nous nous sommes immergés dans des contes qui, bien que distinctement japonais, possèdent des thèmes universels reconnaissables par tous, partout dans le monde.

Il est toutefois important de souligner que ces légendes ne représentent qu'une fraction de l'incroyable richesse du folklore japonais. Chaque région, chaque ville et même chaque village du Japon a ses propres histoires, dont beaucoup attendent encore d'être découvertes par le grand public. Ces récits fournissent non seulement un aperçu fascinant de la mentalité et de la culture japonaises, mais représentent également des ponts par lesquels nous pouvons nous connecter à une tradition qui a résisté à l'épreuve du temps.

En clôturant ce chapitre, nous espérons que les lecteurs seront inspirés à approfondir les histoires de cette nation extraordinaire, car derrière chaque légende se cache une vérité, une leçon ou un fragment d'âme qui attend d'être raconté et partagé.

CHAPITRE 7
MONSTRES ET DÉMONS JAPONAIS

Le tissu même de la culture japonaise est tissé d'histoires et de mythes concernant des créatures puissantes et souvent effrayantes : des monstres et des démons qui ont la capacité d'inspirer la peur et l'émerveillement. Si les yōkai représentent un large éventail d'esprits et de créatures, souvent liés à des lieux spécifiques ou à des phénomènes naturels, il existe d'autres entités démoniaques, plus sombres et plus puissantes, qui ont joué un rôle crucial dans les légendes et les croyances du Japon.

Parmi ceux-ci, les « oni » sont particulièrement distinctifs. Ces démons, souvent représentés avec une peau rouge ou bleue, de grands crocs et des cheveux sauvages, sont synonymes de force et de mal. Ils sont connus pour tourmenter les humains, mais aussi pour avoir des codes d'honneur complexes. Leur impact est si profond qu'ils ont même trouvé leur place dans des festivals tels que "Setsubun", où les gens chassent les oni pour porter chance.

En plus des oni, il existe également des créatures telles que les « tengu », esprits associés aux montagnes et aux forêts, connus pour leurs compétences martiales et parfois considérés comme des protecteurs ou des destructeurs. Ensuite, il y a les « kappa », créatures aquatiques connues pour leurs méfaits et leurs farces, mais aussi pour leur code d'honneur.

Ce chapitre approfondira le domaine de ces créatures, explorant les histoires et les mythes qui les entourent. Chaque démon ou monstre a une histoire à raconter, une leçon à enseigner. Ce sont des miroirs du psychisme humain, des représentations de peurs ancestrales, mais aussi des symboles de défis à surmonter. En nous plongeant dans leurs légendes, nous tenterons de comprendre la signification profonde que ces entités ont eu dans la culture japonaise et comment elles ont influencé la perception du bien et du mal dans l'archipel.

Oni : des démons à l'apparence terrifiante

Les Oni, parmi les créatures les plus emblématiques de la mythologie japonaise, sont souvent représentés comme d'énormes bêtes aux traits humanoïdes, mais avec des traits exagérés et effrayants. Leur peau peut varier du rouge au bleu, ils ont souvent des cornes qui dépassent de leur tête, des yeux injectés de sang et des dents pointues qui dépassent de manière menaçante de leur bouche. Armés de gourdins féroces appelés « kanabō », ces démons sont des forces avec lesquelles il faut compter.

Origine et signification :

Les Oni trouvent leurs racines dans d'anciennes traditions religieuses et mythologiques. À l'origine, le mot « oni » dans l'ancien Japon signifiait simplement « ombre » ou « esprit », et pouvait faire référence à n'importe quel fantôme ou esprit des morts. Cependant, à mesure que le temps évoluait et que l'influence de différentes cultures et religions, comme le bouddhisme, le terme « oni » commençait à acquérir des connotations plus sombres et démoniaques.

Les Oni représentent les peurs et les malédictions, mais ils peuvent aussi symboliser la punition et la justice. On pense qu'ils résident dans le monde souterrain, "Jigoku", et travaillent comme bourreaux ou tortionnaires d'âmes damnées. Leur rôle n'est pas seulement de tourmenter, mais aussi de dissuader les vivants, en leur rappelant les conséquences d'un comportement immoral ou pécheur.

Détails d'Oni :

Shuten-dōji: L'un des Oni les plus célèbres de la mythologie japonaise, Shuten-dōji était le chef des oni et résidait sur le mont Ōe près de Kyoto. On raconte qu'il avait kidnappé des princesses et des femmes de la cour pour les emmener dans son palais de montagne. La légende raconte qu'il fut finalement vaincu par l'héroïque empereur Minamoto no Yorimitsu et ses quatre gardiens célestes, grâce à l'utilisation de saké empoisonné et à sa ruse.

Ibaraki-dôji: Compagnon de Shuten-dōji et l'un des oni les plus redoutés, Ibaraki-dōji est connu pour sa force surnaturelle et sa ruse. Après la chute du Shuten-dōji, Ibaraki-dōji aurait continué à semer le chaos, faisant de lui un antagoniste majeur dans de nombreuses histoires japonaises traditionnelles.

Les Oni, avec leur présence imposante et terrifiante, sont devenus des représentations tangibles des forces obscures et malveillantes du monde. Mais comme de nombreuses créatures mythologiques, ils rappellent également les défis internes et externes auxquels les individus sont confrontés dans la vie et les conséquences de leurs actes. Leur légende, profondément enracinée dans la culture japonaise, est un exemple puissant de la façon dont les histoires peuvent donner forme et sens aux concepts du bien et du mal.

Nue : Monstre avec un corps de tigre et une tête de singe

Le Nue, l'une des créatures les plus énigmatiques et mystérieuses de la mythologie japonaise, est une chimère, une combinaison de plusieurs créatures en une seule. Communément décrit comme ayant la tête d'un singe, le corps d'un tigre, les pattes d'un tanuki (un type de raton laveur japonais) et la queue d'un serpent, le Nue est considéré comme porteur de malchance et de maladie.

Origine et histoire :

La légende la plus célèbre associée à Nue concerne l'empereur Konoe du Japon, qui régna au XIIe siècle. On dit que l'empereur était gravement malade à cause des cris mystérieux et continus venant du palais impérial la nuit. Chaque nuit, un nuage noir enveloppait le palais, provoquant une grande angoisse et une grande peur parmi les habitants. On soupçonnait qu'un Nue se trouvait derrière ce nuage, essayant d'attaquer l'Empereur.

Minamoto no Yorimasa, un vaillant archer et guerrier, décida d'affronter la créature. Une nuit, avec l'aide de sa fidèle épée, Yorimasa a tiré une flèche dans le cœur de la bête alors qu'elle survolait le palais. Frappé, le Nue tomba et fut tué sur les rives de la rivière Kamo. Pour s'assurer que la malédiction des Nue ne reviendrait pas, le corps du monstre a été placé dans un bateau et laissé à la dérive dans la mer, pour finalement s'échouer dans la province de Wakasa, où les habitants locaux l'ont enterré.

Signification dans la culture japonaise :

Le Nue représente la personnification des peurs et des maladies, un mal invisible et omniprésent qui peut attaquer sans avertissement. C'est aussi un symbole de l'étranger et de l'incompréhensible, une créature qui échappe aux catégories normales.

L'histoire de l'empereur Konoe et de Minamoto no Yorimasa met en lumière le thème récurrent de la bataille entre le bien et le mal. La victoire de Yorimasa sur les Nue n'est pas seulement un exploit héroïque, mais aussi une représentation de la capacité de l'homme à affronter et à surmonter ses peurs, aussi terrifiantes soient-elles.

La figure du Nue, avec ses formes multiples et sa nature maléfique, reste un témoignage fascinant de la riche tradition mythologique et narrative du Japon, un exemple frappant de la manière dont les cultures tentent de donner un visage et une forme aux forces obscures inexplicables de la nature. et la psyché humaine.

Shuten-doji : le démon buveur de saké

Shuten-dōji, traduit littéralement par « Garçon ivre », est l'un des démons les plus redoutés et les plus connus de la mythologie japonaise. Ce démon est représenté comme un gigantesque oni, qui aime boire du saké et accomplir de mauvaises actions. Son histoire est étroitement liée à l'intrigue, au courage et à l'ingéniosité, et son mythe est un point de référence dans l'iconographie démoniaque japonaise.

Origine et histoire :

Shuten-dōji vivait dans la montagne Oeyama, située près de Kyoto. Il avait un groupe d'adeptes de l'oni et, ensemble, ils effectuèrent des raids, kidnappant de belles femmes de Kyoto et les emmenant dans leur repaire de montagne. Ces femmes étaient destinées à devenir la nourriture de ces démons.

La légende raconte que l'empereur du Japon, inquiet des disparitions constantes de femmes, chargea le célèbre héros Minamoto no Raikō de vaincre Shuten-dōji et son oni. Raikō, avec l'aide de ses quatre compagnons guerriers, entreprit un périlleux voyage jusqu'au mont Oeyama.

Avec l'aide de certaines divinités, Raikō et ses compagnons obtinrent une armure magique et une potion qui enivrerait Shuten-dōji. Se déguisant en moines bouddhistes, ils réussirent à entrer dans le palais de Shuten-dōji et à lui faire boire la potion. Une fois le démon ivre et incapable de se battre, Raikō et ses compagnons l'attaquèrent et le décapitèrent.

Signification dans la culture japonaise :

Shuten-dōji est un parfait exemple du concept d'oni dans la mythologie japonaise : une créature maléfique et puissante, mais qui peut être vaincue avec ruse et courage. Son histoire n'est pas seulement un récit d'aventures, mais aussi une leçon de morale sur la façon dont la malveillance peut être vaincue grâce à la stratégie, la collaboration et l'intervention divine.

La figure du Shuten-dōji représente également les dangers des excès, notamment l'abus d'alcool. Son nom et son penchant pour le saké sont des avertissements sur les conséquences de l'ivresse et de l'auto-indulgence.

La légende du Shuten-dōji continue d'être racontée dans des pièces de théâtre, des films et des récits oraux, restant l'une des histoires les plus fascinantes de la mythologie japonaise et servant d'avertissement constant contre les dangers de l'excès et le pouvoir de la collaboration et de l'ingéniosité.

Jorōgumo : La femme araignée

Dans le riche panorama des créatures et démons de la mythologie japonaise, le Jorōgumo occupe une place à part. Son nom, qui se traduit littéralement par « araignée prostituée », évoque immédiatement des images de séduction et de danger.

Origines et description : Le Jorōgumo est une créature qui appartient à la famille des yōkai, esprits et créatures surnaturelles de la tradition japonaise. Elle se présente souvent comme une belle femme capable d'attirer les voyageurs imprudents, puis de révéler sa vraie nature d'araignée géante et de s'en nourrir.

On dit que le Jorōgumo vit dans des endroits isolés tels que les forêts et les grottes, mais certaines légendes le placent également dans des maisons abandonnées dans les villes. L'une de ses demeures les plus célèbres est liée à la cascade de Joren, à Izu, où, selon les récits, un Jorōgumo aurait tenté de séduire puis de dévorer un jeune bûcheron.

Caractéristiques et comportement : Ce qui rend le Jorōgumo particulièrement insidieux, c'est sa capacité à changer de forme. Lorsqu'il décide d'attirer une victime, il se transforme en une charmante jeune femme, jouant souvent d'un instrument de musique comme le biwa, une sorte de luth japonais, pour enchanter sa proie. Une fois qu'il a attiré l'imprudent dans son antre, le Jorōgumo reprend sa forme d'araignée et piège la victime avec des toiles aussi résistantes que l'acier, puis s'en nourrit.

Signification dans la culture japonaise : La figure de Jorōgumo représente la nature trompeuse de la beauté et la fragilité de la vie humaine. C'est un avertissement sur le danger des apparences et sur l'importance de la prudence. Le Jorōgumo est également un symbole de dualité, thème récurrent de la mythologie japonaise, qui voit la coexistence du bien et du mal, de l'humain et du surnaturel, dans une même entité.

La légende de Jorōgumo a été une source d'inspiration pour de nombreuses œuvres d'art, de littérature et même des productions cinématographiques et télévisuelles au Japon. Sa figure reste l'une des plus fascinantes et inquiétantes dans le panorama des monstres et démons de la tradition japonaise.

Conclusion

Les démons et les monstres que nous avons explorés dans ce chapitre ne sont pas simplement des entités terrifiantes, mais représentent des facettes profondes de l'expérience humaine : la tentation, la double nature de l'être, la séduction et la fragilité de la vie.

La présence de telles entités dans la culture japonaise met en évidence la conscience que le mal et le danger peuvent se cacher derrière l'apparence la plus séduisante et que la nature humaine est un enchevêtrement complexe d'ombre et de lumière. Mais au-delà de la peur, ces légendes révèlent aussi un profond respect pour l'inconnu et une reconnaissance de la complexité de l'existence.

Alors que nous clôturons ce chapitre sur les ombres et les mystères du folklore japonais, il est important de se rappeler que chaque histoire, chaque légende a ses racines dans la perception humaine et dans le besoin de donner un sens au monde qui nous entoure. Et même si l'on n'a tracé qu'une partie du vaste panorama des créatures surnaturelles du Japon, ce qui ressort clairement, c'est l'éternelle danse entre réalité et fantasme, entre ce qui est vu et ce qui se cache derrière le voile de l'imaginaire.

CHAPITRE 8
RITES ET FESTIVITÉS

Le tissu culturel du Japon s'enrichit et se renouvelle à travers une série de rites et de fêtes qui marquent le passage des saisons, les phases de la vie et les moments marquants de l'année. Ces événements, plus que de simples célébrations, sont des portes d'entrée vers un univers de symbolisme, de traditions et de croyances qui ont façonné l'identité japonaise depuis des siècles.

Au pays du Soleil Levant, les rites et les fêtes ne sont pas seulement des occasions de rencontres sociales, mais représentent une fusion entre le sacré et le profane, l'éternel et l'éphémère. Ils servent de pont entre le passé et le présent, permettant aux nouvelles générations de se reconnecter aux racines ancestrales et de renouer avec la nature et les dieux.

Les Japonais considèrent ces célébrations non seulement comme un rituel à observer, mais aussi comme un moment de profonde introspection, de gratitude et de reconnexion. Chaque célébration a son rythme, ses couleurs et ses saveurs, et reflète la philosophie d'une culture qui voit la beauté et le sens dans tous les aspects de l'existence.

Au cours de ce chapitre, nous voyagerons à travers certaines des fêtes et rituels les plus emblématiques du Japon, en essayant de saisir leur signification profonde et leur résonance dans la vie quotidienne des Japonais. À travers ces célébrations, nous aurons l'occasion de nous immerger dans une culture qui, bien que profondément enracinée dans ses traditions, sait se renouveler et s'adapter au changement, trouvant toujours de nouvelles façons d'exprimer son caractère unique et sa sagesse.

Le rituel Bon Odori

Bon Odori, également connu simplement sous le nom de « Bon », est une fête chargée d'histoire et de tradition, datant de plus de mille ans. Profondément enracinée dans le bouddhisme, cette fête est célébrée à la mi-juillet ou en août, bien que la date puisse varier légèrement selon les régions. Partout au Japon, des grandes villes aux petits villages, les gens se rassemblent dans les temples, les parcs et les places pour participer à cette célébration. Au cœur de Bon Odori se trouve le profond respect et la commémoration des esprits des ancêtres. Durant la période Obon, on pense que les esprits des défunts retournent dans le monde des vivants pour retrouver leurs familles. La danse et la musique de Bon Odori accueillent chaleureusement ces esprits, leur permettant de retrouver le chemin de la maison et de reposer en paix.

Tandis que les mélodies résonnent et que battent les tambours, des gens de tous âges, souvent vêtus de yukata, kimonos d'été en coton, forment des cercles et dansent selon des chorégraphies qui, tout en variant d'une région à l'autre, entretiennent une essence commune de respect et de joie. L'ambiance est un mélange de solennité et de fête, avec des stands de nourriture et de jeux qui surgissent ici et là. L'un des aspects les plus frappants de la célébration sont les lanternes colorées, appelées « tores », qui sont suspendues ou flottantes sur l'eau. Ces lanternes servent non seulement à éclairer la nuit, mais aussi à guider les esprits chez eux. À la fin de l'Obon, lors d'un rituel appelé « toro nagashi », des lanternes sont placées au-dessus de l'eau, marquant le retour des esprits dans le monde d'un autre monde.

Malgré ses racines bouddhistes, Bon Odori est devenu une célébration universelle au Japon, attirant des personnes de toutes confessions et croyances. Au-delà de la religion, c'est le moment d'honorer et de se souvenir de ceux qui sont décédés, et de renforcer les liens avec la famille et les amis.

Tanabata : La fête des étoiles

Tanabata, traduit littéralement par « La Septième Nuit », est l'une des fêtes les plus poétiques et romantiques du calendrier japonais. Célébrée le 7 juillet, cette fête trouve ses racines dans une ancienne légende qui parle de deux amants stellaires, Orihime et Hikoboshi, représentés respectivement par les étoiles Vega et Altaïr. Comme le raconte l'histoire, les deux étaient tellement amoureux qu'ils ont négligé leurs devoirs célestes. En colère, les dieux les séparèrent de la Voie Lactée, leur permettant de se réunir une seule fois par an : durant la nuit de Tanabata.

Partout au Japon, les rues et les centres commerciaux sont décorés de tanzaku lumineux, de petites bandes de papier colorées sur lesquelles les gens écrivent leurs souhaits. Ces tanzaku sont ensuite suspendus à des branches de bambou, créant une mosaïque d'espoirs et de rêves se balançant au gré du vent. En plus des vœux, il est courant de voir d'autres ornements tels que des kimonos en papier, des sacs et des étoiles ornant les bambous.

De nombreuses villes accueillent de grands festivals de Tanabata avec des défilés, des danses, des chants et, bien sûr, une cuisine délicieuse. Sendai, dans la préfecture de Miyagi, est particulièrement célèbre pour son festival de Tanabata, l'un des plus grands et des plus colorés du Japon.

Au-delà des décorations lumineuses et des festivités, Tanabata est un moment de réflexion sur la valeur du véritable amour, de l'espoir et de la détermination. L'histoire d'Orihime et Hikoboshi nous rappelle que l'amour peut surmonter n'importe quel obstacle, même une division cosmique. Au milieu de la nuit, alors que les étoiles brillent de mille feux, les gens lèvent les yeux vers le ciel, espérant que les deux amoureux des étoiles se reverront et que leurs souhaits se réaliseront également.

Setsubun : L'exil des Oni

Setsubun, qui signifie littéralement « division des saisons », est une fête qui marque la fin de l'hiver et l'arrivée du printemps au Japon. Célébrée le 3 février, cette fête a de profondes racines dans la mythologie et les traditions japonaises et est symboliquement associée au fait de repousser les influences négatives et d'accueillir la chance et la prospérité pour l'année à venir.

L'un des aspects les plus distinctifs et les plus agréables du Setsubun est le rituel appelé « mamemaki » ou « lancer de haricots ». Au cours de ce rituel, les membres de la famille jettent des graines de soja grillées - ou parfois des cacahuètes - à l'extérieur de leur maison ou sur une personne portant un masque d'oni (démon) en criant "Oni wa soto ! Fuku wa uchi !", ce qui signifie "Sortez". ! À l'intérieur de la fortune!". La tradition veut qu'en jetant des haricots, vous puissiez chasser les mauvais esprits de votre maison.

En plus du rituel mamemaki, il est traditionnel de manger des makizushi, des rouleaux de sushi également appelés « eho-maki », en regardant dans la direction considérée comme porte-bonheur pour cette année spécifique, sur la base du zodiaque chinois. Manger le parchemin entier sans s'arrêter, en faisant un vœu et sans parler est censé porter chance.

Dans les temples et sanctuaires du Japon, des événements spéciaux sont organisés pendant Setsubun. De nombreux endroits accueillent des célébrités et des personnalités connues pour accomplir le rituel mamemaki, attirant des foules de personnes espérant attraper les haricots porte-bonheur lancés, car on pense que les garder porte chance pour l'année à venir.

Setsubun n'est pas seulement une célébration saisonnière, mais représente le profond désir de l'humanité de se purifier de la négativité et d'accueillir un nouveau départ avec espoir et optimisme. L'image de l'oni chassé des foyers symbolise la lutte éternelle de l'homme contre les forces obscures et son désir incessant d'apporter de la lumière et de la positivité dans sa vie.

Hinamatsuri (Festival des poupées)

Hinamatsuri, également connu sous le nom de Festival des poupées ou Journée des filles, est l'une des célébrations les plus charmantes et colorées du Japon, organisée chaque année le 3 mars. Cet événement spécial est dédié aux petites filles, leur souhaitant santé, bonheur et un futur mariage prospère.

Les origines du Hinamatsuri remontent à l'ère Heian (794-1185), lorsque l'on pratiquait le « hina-nagashi », un rituel dans lequel des poupées en papier, représentant les impuretés, flottaient sur les rivières pour éloigner les mauvais esprits et la malchance. Au fil du temps, ce rituel a pris la forme d'une fête familiale au cours de laquelle les familles présentaient des ensembles élaborés de poupées (« hina-ningyō ») représentant la cour impériale de l'ère Heian. Ces poupées sont soigneusement disposées sur des plates-formes à plusieurs niveaux, avec l'empereur et l'impératrice au sommet et, sur les marches inférieures, des musiciens, des courtisans et des serviteurs.

En plus de l'exposition de poupées, il existe des traditions culinaires liées à Hinamatsuri. Parmi eux, le « hina-arare », des petits gâteaux de riz croustillants, et le « shirozake », un saké sucré, sont consommés pour célébrer la fête. Les familles, en particulier, préparent à cette occasion un plat appelé « chirashizushi », une sorte de sushi à tartiner.

Hinamatsuri est un exemple clair de l'importance que la culture japonaise accorde à la transition et à la croissance. Chaque détail, des poupées complexes aux aliments consommés, représente non seulement une tradition vieille de plusieurs siècles, mais aussi l'amour et l'espoir des parents pour l'avenir de leurs filles. Dans le contexte japonais, cette fête symbolise le souhait d'une vie prospère et paisible pour les jeunes filles qui grandissent et mûrissent au sein du tissu social.

Kodomo no Hi (Journée des enfants):

Là *Kodomo non Salut*, ou Journée des enfants, est l'une des célébrations les plus joyeuses et colorées du Japon, célébrée chaque année le 5 mai. Cette fête est dédiée à tous les enfants et représente un souhait de santé, de réussite et de bonheur pour leur croissance.

Les racines historiques de *Kodomo non Salut* remonte à l'ancienne fête chinoise de *Duanwu*, connu au Japon sous le nom de « Tango no Sekku », était initialement célébré comme une fête pour les garçons, tandis que Hinamatsuri était dédié aux filles. Cependant, en 1948, le Japon a renommé et redéfini « Tango no Sekku » comme *Kodomo non Salut*, offrant de bons vœux et des célébrations à tous les enfants, quel que soit leur sexe.

L'un des éléments les plus emblématiques et distinctifs de ce festival sont les *koinobori*, des drapeaux en forme de carpe hissés devant les maisons. Ces carpes symbolisent la détermination et l'endurance, inspirées de la légende de la carpe nageant à contre-courant pour devenir un dragon. La carpe noire représente le père, la carpe rouge ou rose représente la mère et les autres carpes colorées représentent les enfants.

Un autre symbole traditionnel de la fête est le casque de samouraï, appelé « kabuto », souvent exposé dans les maisons comme symbole de force et de courage. Certaines friandises et aliments spéciaux sont préparés et consommés pendant ce festival, notamment les « kashiwa-mochi », des gâteaux de riz enveloppés dans des feuilles de chêne, et les « chimaki », des rouleaux de riz gluant enveloppés dans des feuilles de bambou.

Là *Kodomo non Salut* reflète l'importance que la culture japonaise accorde à la jeunesse et à sa croissance. À travers des rituels, des symboles et des célébrations, la fête réaffirme l'espoir et l'attente que les enfants, représentant l'avenir, grandiront en bonne santé, forts et prospères, perpétuant les traditions et les valeurs de la société japonaise.

Conclusion

Les vacances japonaises sont comme des morceaux d'une magnifique mosaïque, chacune avec sa propre histoire, sa signification et sa couleur, qui offrent ensemble un aperçu complet de la richesse culturelle et spirituelle du Japon. En plus des rites et célébrations que nous avons explorés, il existe toute une série d'autres fêtes et rites saisonniers qui marquent le passage des saisons et qui reflètent le lien profond du peuple japonais avec la nature. Ces vacances sont aussi un moyen pour la communauté de se rapprocher, de partager et de renouer des liens.

Ce qui rend ces célébrations uniques, c'est la manière dont l'ancien et le moderne s'entremêlent harmonieusement. Même si certaines traditions ont des racines qui remontent à plusieurs siècles, elles continuent d'évoluer, s'adaptant aux temps changeants tout en restant fidèles à leur essence originelle. Leur capacité à être à la fois immuables et flexibles témoigne de la résilience et de l'adaptabilité de la culture japonaise.

Enfin, les fêtes japonaises sont un précieux rappel de ce qui est vraiment important dans la vie : la famille, la communauté, la gratitude envers la nature et la célébration du cycle de la vie. Ils représentent une pause dans la frénésie du quotidien, un moment pour réfléchir, apprécier et surtout célébrer la beauté et la richesse de la vie elle-même. En comprenant ces fêtes, nous pouvons nous rapprocher un peu plus de l'essence de l'âme japonaise et des valeurs universelles que nous partageons tous.

CHAPITRE 9
ANIMAUX SACRÉS DANS LA
MYTHOLOGIE JAPONAISE

La mythologie japonaise, avec ses histoires complexes et ses personnages hauts en couleur, a donné un rôle central à de nombreux animaux, les transformant en créatures d'une grande importance symbolique et spirituelle. Ces animaux sont souvent dépositaires de pouvoirs et de connaissances qui transcendent leur nature terrestre, devenant des figures de référence et des objets de culte.

Le dragon(Ryu) :

Lorsqu'on parle de dragons dans l'imaginaire collectif occidental, on a souvent tendance à évoquer des images de terribles créatures cracheuses de feu, antagonistes des héros d'aventures épiques. Cependant, dans la mythologie japonaise, le dragon, ou Ryū, possède une aura très différente, étant plus étroitement associé à des éléments de bienveillance, de sagesse et de pouvoir lié à l'eau.

La figure de Ryū est profondément ancrée dans l'histoire et la culture japonaise. Ces créatures majestueuses sont souvent représentées comme de longs serpents sinueux, dotés de griffes acérées, d'une barbe flottante et de cornes majestueuses. Contrairement à leurs cousins occidentaux, les dragons japonais n'ont pas d'ailes mais possèdent une maîtrise unique pour se déplacer sur les eaux et les cieux.

L'un des aspects les plus distinctifs des dragons japonais est leur affinité pour l'eau. Ils sont vénérés comme des divinités aquatiques, présidant aux rivières, aux lacs et aux mers. Leurs légendes sont souvent liées à la création de cours d'eau ou à l'apport de pluie bénie pour les cultures. Dans certaines histoires, un Ryū tombe amoureux d'un mortel et se transforme en homme pour être avec elle, démontrant sa capacité à changer de forme et son lien profond avec l'humanité.

Un exemple célèbre de ce lien entre les dragons et l'eau est l'histoire du dragon de l'île d'Enoshima. Selon la légende, la région était autrefois en proie à un dragon de mer qui provoquait des tempêtes et des inondations. Ce n'est que lorsque le dragon tomba amoureux de la déesse Benzaiten que ses déchaînements furent apaisés. Après avoir conquis son cœur, le dragon a promis de protéger l'île et ses habitants, devenant ainsi un symbole de protection et d'amour sacrificiel.

En plus de leur lien avec l'eau, les dragons japonais sont aussi des symboles de force, de courage et de longévité. Ils sont souvent représentés dans les œuvres d'art, les tatouages et l'architecture, agissant comme gardiens contre les mauvais esprits et portant chance.

La profonde vénération pour les dragons au Japon se manifeste également dans les célébrations et les rituels. Lors de certaines fêtes, comme le Festival du Dragon (Tatsu no Koshin), les participants dansent dans les rues avec de grands dragons en papier et en bambou, appelant à des pluies abondantes et à des récoltes prospères.

En conclusion, le Ryū, par sa majesté et sa puissance, occupe une place d'honneur dans le panorama mythologique japonais. Plus que des bêtes redoutables, ce sont des créatures sages et bénies, dont la présence marque l'harmonie entre l'homme, la nature et le divin.

Le Phénix (Hō-ō) :

La figure du Phénix est universellement reconnue comme symbole de renaissance et d'immortalité. Alors que dans de nombreuses cultures le phénix renaît de ses cendres, dans l'imaginaire japonais, le phénix, appelé Hō-ō, recèle des significations plus profondes et des facettes uniques qui le distinguent de ses homologues mondiaux.

Le Hō-ō, souvent comparé au fenghuang chinois ou au phénix occidental, est un magnifique oiseau au plumage luxuriant et coloré qui brille de nuances d'or et de rouge, de bleu et de vert, représentant le feu du soleil et l'élégance du ciel. Sa présence est souvent associée à des événements heureux, notamment la naissance d'un empereur vertueux ou l'arrivée de temps prospères.

Une caractéristique distinctive du Hō-ō japonais est son lien avec les éléments de la nature et du cosmos. Chaque partie de son corps symbolise une composante différente du cosmos. Par exemple, sa tête représente le ciel, ses ailes le vent, ses yeux le soleil et ses pattes la terre. Ensemble, l'oiseau représente l'harmonie universelle et l'équilibre entre les éléments.

Le Hō-ō n'apparaît pas seulement dans les moments de grande sérénité et de prospérité. Selon les légendes, l'oiseau choisit de vivre dans des lieux reculés, loin de l'humanité, et ne fait son apparition qu'en temps de paix ou lors de l'accession au trône d'un souverain d'exception. Sa dernière apparition, dit-on, eut lieu au temple Byōdō-in à Uji, qui conserve aujourd'hui une statue de cet oiseau majestueux.

Mais, en plus d'être annonciateur de moments heureux, le Hō-ō est aussi un symbole de renaissance et de renouveau. De la même manière que le phénix occidental renaît de ses cendres, le Hō-ō japonais représente le cycle éternel de la vie, de la mort et de la renaissance. Il met l'accent sur la nature transitoire de la vie et sur la possibilité constante de renouveau et de renaissance.

Dans de nombreuses œuvres d'art et d'architecture japonaises, le Hō-ō est représenté avec le dragon, représentant une complémentarité entre le yin et le yang. Alors que le dragon symbolise la force, la puissance et l'énergie masculine, le Hō-ō représente la grâce, la pureté et l'énergie féminine. Cette dualité souligne une fois de plus l'importance de l'équilibre et de l'harmonie dans la culture japonaise.

En conclusion, le Hō-ō dans la mythologie japonaise n'est pas seulement un magnifique oiseau aux plumes brillantes, mais un profond symbole d'harmonie, d'équilibre, de renaissance et de prospérité. Sa présence dans la culture japonaise nous rappelle la beauté de l'éternité et la promesse de renaissance.

Le Lapin Blanc d'Inaba :

Les anciennes légendes japonaises regorgent d'enseignements moraux, d'histoires de loyauté, de ruse et de rédemption. Parmi celles-ci, l'histoire du Lapin Blanc d'Inaba se distingue par son mélange singulier de ruse et de sagesse, de tromperie et de compassion.

La légende trouve son origine dans la région d'Inaba, qui fait aujourd'hui partie de l'actuelle préfecture de Tottori. Il raconte l'histoire d'un lapin blanc, rusé et espiègle, qui voulait traverser la mer pour rejoindre l'île d'Oki. Sans aucun moyen évident de traverser, le lapin a élaboré un plan : il tromperait certains requins pour qu'ils forment un pont avec leurs corps, promettant de les compter en sautant par-dessus pour déterminer si les requins ou les lapins étaient plus nombreux sur terre.

Alors que le lapin sautait d'un requin à l'autre, atteignant presque la fin, il ne put s'empêcher de se vanter de sa tromperie. Cependant, le dernier requin, entendant les paroles du lapin, l'a attaqué et lui a arraché la fourrure, le laissant souffrant et sans protection sur la plage.

Au bord du désespoir, le Lapin Blanc rencontra un noble prince nommé Ōkuninushi et ses frères, qui parcouraient la région. Tandis que les frères se moquaient du lapin et lui donnaient des conseils néfastes, comme se rouler dans le vent et s'immerger dans la mer salée, aggravant ainsi ses blessures, Ōkuninushi fit preuve de compassion. Il a conseillé au lapin de se laver à l'eau douce, puis de s'enrouler dans du pollen de sétaire, une herbe douce, pour l'aider à guérir ses blessures et à faire repousser sa fourrure.

Reconnaissant pour la gentillesse et la sagesse d'Ōkuninushi, le lapin blanc révéla sa véritable identité en tant que divinité et prédit que, tandis que les frères du prince seraient oubliés par l'histoire, Ōkuninushi deviendrait le grand souverain de tout le pays, une prophétie qui se réalisa plus tard.

Cette légende souligne non seulement l'importance de la compassion et de la sagesse, mais enseigne également les conséquences dangereuses de la tromperie et de l'arrogance. Le Lapin Blanc d'Inaba représente la dualité de la nature humaine : la tentation d'utiliser la tromperie à ses propres fins, mais aussi la capacité de rédemption par des actes de gentillesse et de sagesse.

À bien des égards, l'histoire du lapin résonne à travers les âges comme un rappel des valeurs fondamentales de la culture japonaise : l'importance de l'honneur, de la sincérité et de la compassion, et comment ces vertus peuvent conduire à la véritable grandeur.

Tanuki (chien viverrin) :

Le tanuki, souvent traduit par « chien viverrin », est une figure récurrente de la mythologie et du folklore japonais. Puisant ses racines dans des contes et légendes anciennes, le tanuki est un symbole de ruse, de métamorphose, mais aussi de joie et de festivité. Bien que semblable en apparence au raton laveur, le tanuki est en réalité un type de canidé, une espèce distincte endémique du Japon.

L'un des aspects les plus connus du tanuki est sa capacité à se transformer. Dans les légendes, il utilise souvent cette capacité pour tromper les humains ou s'amuser à leurs dépens, en prenant diverses formes, depuis des objets inanimés jusqu'à des figures humaines. Cependant, contrairement à de nombreuses créatures mythologiques qui utilisent le pouvoir de transformation à des fins maléfiques, le tanuki le fait souvent de manière ludique et pas nécessairement nuisible. Même si cela peut induire une personne en erreur, son action repose souvent sur une leçon de morale, ou simplement sur une tentative de susciter la joie et le rire.

Dans la culture populaire, le tanuki est souvent représenté avec un chapeau de moine, une bouteille de saké et un gros ventre, symboles de son caractère joyeux et festif. L'estomac, en particulier, représente non seulement son amour de la nourriture et des boissons, mais est également un symbole de son pouvoir de transformation, car il peut l'utiliser comme une sorte de tambour pour invoquer la magie.

Le tanuki a aussi un côté plus bienveillant et chanceux. Dans les traditions japonaises, les statues tanuki sont souvent placées à l'entrée des restaurants et des magasins comme porte-bonheur. Ils sont représentés avec de grands yeux souriants, porteurs de promesses de prospérité et de succès commercial.

Au-delà des représentations populaires, le tanuki a de profondes racines historiques et religieuses. Il est associé au shintoïsme, la religion indigène du Japon, et notamment aux divinités de la nature et de la fertilité. Dans les temps anciens, on croyait que les tanuki possédaient des pouvoirs spéciaux et étaient des messagers des dieux, capables d'apporter bénédictions et protection.

En art et en littérature, le tanuki est souvent présenté comme un personnage comique, mais aussi comme un philosophe, un sage qui réfléchit sur la nature humaine et la condition existentielle. Cette dualité, entre le ludique et le profond, fait du tanuki une figure unique et fascinante dans le panorama de la mythologie japonaise.

En conclusion, le tanuki, avec sa nature ambivalente de trompeur et de bienfaiteur, représente la complexité de la vie elle-même. Elle rappelle que malgré les défis et les déceptions, il y a toujours de la place pour la joie, la réflexion et la bienveillance au cœur de la culture japonaise.

Le Chien-Lion (Komainu) :

Le Komainu, souvent traduit par « Chien-Lyon » ou simplement « Lion Gardien », tient une place à part dans le panthéon des créatures mythiques japonaises. Ce sont des figures imposantes, sculptées dans la pierre ou le bois, qui font office de gardiens aux entrées des temples et sanctuaires shinto. Ces statues, à l'apparence à mi-chemin entre celle d'un lion et celle d'un chien, sont bien plus que de simples ornements : elles représentent une symbolique profonde dans la culture japonaise.

Traditionnellement, on les trouve par paires, un Komainu avec la bouche ouverte et l'autre avec la bouche fermée. Cette représentation symbolise le cycle de la vie : le début et la fin, la naissance et la mort, l'émission du son et son silence. Ce dualisme rappelle les concepts de yin et de yang présents dans de nombreuses cultures orientales et représente l'équilibre qui imprègne l'univers.

Leur origine est entourée de mystère et de conjectures. Alors que certains pensent que Komainu a des racines dans l'art bouddhiste de l'Inde à la Chine, d'autres soutiennent que ces gardiens ont été influencés par les représentations de lions dans d'autres cultures anciennes, comme la Mésopotamie ou le Perse. Quelles que soient leurs origines exactes, les Komainu ont acquis au fil des siècles un caractère nettement japonais.

Dans leur rôle de gardiens, les Komainu sont considérés comme de puissants protecteurs contre les mauvais esprits et les influences négatives. Leur présence dans les lieux sacrés sert non seulement à éloigner les forces obscures, mais aussi à purifier et à bénir ceux qui entrent dans le temple ou le sanctuaire. La férocité de leur apparition est un avertissement clair : aucun mécréant ou mauvais esprit n'est autorisé ici.

En plus des temples, les Komainu sont souvent associés à des divinités spécifiques du panthéon shinto. Par exemple, ils sont étroitement liés à Inari, la divinité de la fertilité, du riz, de l'agriculture et du renard. Dans les sanctuaires dédiés à Inari, il est courant de voir Komainu avec des caractéristiques semblables à celles d'un renard, combinant les qualités protectrices du Chien-Lion avec la ruse et la sagesse du renard.

En plus de leur présence physique sur des sites sacrés, les Komainu ont également trouvé leur place dans la littérature, l'art et les représentations théâtrales japonaises, souvent comme symboles de courage, de loyauté et de protection divine.

En résumé, le Komainu incarne la fusion entre le sacré et le terrestre, entre l'humain et le divin. Leur présence constante sur les sites sacrés du Japon rappelle le lien entre les mondes physique et spirituel, ainsi que la lutte éternelle entre le bien et le mal qui se déroule aux quatre coins de l'univers. Avec leur regard attentif et leur posture imposante, les Komainu restent d'éternels gardiens du sacré et du mystère, témoins silencieux du passage du temps et de la dévotion humaine.

Le Renard (Kitsune) :

Le Kitsune, terme japonais signifiant « renard », est l'un des êtres mythologiques les plus fascinants et les plus complexes de la culture du Soleil Levant. Dans les légendes japonaises, les renards ne sont pas simplement des créatures sauvages, mais des êtres dotés d'intelligence, de magie et d'un pouvoir de transformation qui défie les lois de la nature. Ils sont considérés comme des messagers des dieux, en particulier d'Inari, la divinité de la fertilité et de l'agriculture, et sont fréquemment représentés dans les sanctuaires qui lui sont dédiés.

Le Kitsune peut avoir deux natures distinctes : Zenko, le Kitsune bienveillant, et Yako, son homologue espiègle et bouleversant. Alors que les Zenko sont considérés comme des protecteurs et des messagers célestes, les Yako sont souvent associés à la tromperie et à la vengeance. Cette dualité reflète la perception traditionnelle des renards comme des créatures frontalières, capables de se déplacer entre les mondes physique et spirituel.

Un trait distinctif des Kitsune est sa capacité à se transformer en êtres humains, souvent en femmes d'une beauté extraordinaire. Ces transformations peuvent avoir diverses finalités : séduction, tromperie, ou simplement désir d'interagir avec le monde humain. De nombreuses histoires racontent des rencontres romantiques entre des humains et des Kitsune transformés, où la vraie nature du renard n'est révélée qu'après une série d'événements mystérieux.

La puissance d'un Kitsune est souvent indiquée par le nombre de ses queues. Un jeune renard n'aura qu'une seule queue, mais avec l'âge et l'accumulation de sagesse et de pouvoir, il peut atteindre neuf queues. Le Kitsune à neuf queues, ou Kyubi, est particulièrement puissant et est souvent décrit dans les histoires et légendes comme un être doté d'une grande magie et d'une grande force.

En plus de leurs pouvoirs de transformation, les Kitsune sont connus pour leur maîtrise de l'art de l'illusion et de la magie. Ils peuvent créer des feux follets, des rêves vifs et même des réalités alternatives pour confondre ou tromper les humains. Mais malgré leurs ruses, de nombreuses histoires décrivent les Kitsune comme des créatures fondamentalement solitaires, aspirant à des relations profondes et authentiques.

Le lien entre les Kitsune et le monde humain est profond et complexe. Ils sont considérés comme des gardiens des récoltes, des esprits de la forêt et des intermédiaires entre les dieux et les hommes. Leur présence dans la mythologie japonaise met l'accent sur l'interconnexion entre l'humain et le divin, le naturel et le surnaturel. À travers d'innombrables histoires et légendes, le Kitsune apparaît comme un symbole de la complexité de la nature et de l'esprit, et de la fine frontière entre réalité et magie qui imprègne la culture japonaise.

Conclusion

Les animaux, dans les cultures du monde entier, ont toujours été considérés comme des miroirs à travers lesquels l'humanité tente de se comprendre elle-même et de comprendre le monde qui l'entoure. Dans la mythologie japonaise, ce lien devient encore plus profond et mystérieux. Les animaux ne sont pas seulement des créatures de la terre, mais représentent souvent l'équilibre délicat entre les mondes physique et spirituel, le profane et le sacré.

Lorsque nous réfléchissons aux histoires de créatures telles que les Kitsune, les Tanuki ou les Ryū, nous sommes confrontés à des récits qui dépassent la simple description d'êtres mythologiques. Ces animaux sont, à bien des égards, des représentations de questions fondamentales que les êtres humains se sont toujours posées : quelle est la frontière entre réalité et fantasme ? Que signifie réellement être humain, si des créatures si semblables à nous peuvent posséder de telles qualités divines ?

Peut-être ne trouverons-nous jamais de réponses concrètes à ces questions, mais ce qui est sûr c'est qu'à travers la mythologie japonaise et ses créatures, nous sommes invités à regarder le monde avec des yeux différents. Voir la magie dans l'ordinaire, le divin dans le quotidien et reconnaître qu'en fin de compte, tous les êtres vivants partagent un lien profond et indissoluble avec l'univers qui les entoure. Si les animaux mythologiques du Japon nous ont appris quelque chose, c'est que la vie est un mystère en constante évolution et que chaque créature, grande ou petite, a un rôle dans la grande danse de l'existence.

CHAPITRE 10

MYTHOLOGIE ET MODERNITÉ

La persistance du mythe dans le Japon contemporain

À une époque caractérisée par des progrès technologiques rapides et des changements socioculturels, le Japon représente un exemple emblématique de la façon dont la tradition peut coexister harmonieusement avec la modernité. Malgré la succession des transformations, le profond tissu mythologique japonais continue d'imprégner divers aspects de la société contemporaine.

L'un des domaines les plus évidents de cette persistance se trouve dans les célébrations des fêtes traditionnelles. Malgré l'influence occidentale et l'urbanisation croissante, ces cérémonies continuent d'attirer une large participation populaire, soulignant le désir collectif de rester connecté à ses racines et d'honorer les traditions qui définissent l'identité culturelle du pays.

Dans le domaine architectural, l'influence du mythe se manifeste d'une manière particulière. À côté des gratte-ciel ultramodernes se dressent des temples et des sanctuaires vieux de plusieurs siècles. Ces lieux préservent non seulement des histoires et légendes anciennes, mais servent également d'espaces de réflexion et de méditation, offrant une oasis de tranquillité au milieu du tumulte de la métropole.

Même dans la vie de tous les jours, la présence du mythe est palpable. Il n'est pas rare de voir par exemple des gens prendre une pause dans la frénésie de leurs journées pour prier dans un sanctuaire shinto ou un temple bouddhiste. Ces moments témoignent de la recherche d'une connexion avec le divin, avec les ancêtres et les esprits, qui continue de jouer un rôle central dans la vie de nombreux Japonais.

En fin de compte, la persistance du mythe dans le Japon contemporain témoigne non seulement de l'estime et du respect profonds de sa propre histoire et de sa propre tradition, mais aussi de la capacité de la culture japonaise à intégrer et à harmoniser des éléments anciens et nouveaux dans un dialogue continu entre le passé et le passé. et présent.

Anime et manga : véhicules de légendes anciennes

L'univers de l'anime et du manga représente l'une des expressions culturelles les plus emblématiques et influentes du Japon contemporain. Connus et appréciés dans le monde entier, ces produits médiatiques ont la capacité de tisser une toile complexe entre tradition et modernité, en puisant profondément dans le vaste réservoir des légendes et de la mythologie japonaise.

La genèse de l'anime et du manga, en tant que phénomène culturel, remonte à l'après-guerre. Le Japon, à cette époque, cherchait un moyen de retrouver son identité culturelle après des années d'occupation et de profondes transformations sociales et économiques. Dans ce contexte de renaissance, les artistes ont commencé à expérimenter de nouveaux moyens d'expression, comme la bande dessinée et l'animation, pour raconter des histoires susceptibles d'inspirer et d'unir la nation.

Depuis les débuts, de nombreux créateurs de mangas et d'animes se sont tournés vers le folklore et les traditions locales pour s'inspirer. Cette redécouverte des racines culturelles a permis de mélanger des thèmes traditionnels avec des styles narratifs modernes, donnant vie à des œuvres qui parlent à la fois au cœur et à l'esprit. La figure des yokai, par exemple, a trouvé une nouvelle vie dans les pages des épisodes de mangas et d'animes, où ces êtres surnaturels s'adaptent aux scénarios contemporains, reflétant les angoisses et les espoirs de la société moderne.

L'un des exemples les plus emblématiques de cette fusion est « Princesse Mononoké » de Hayao Miyazaki. L'œuvre se déroule dans le Japon médiéval où hommes, dieux et monstres se battent pour la suprématie du territoire. Bien qu'il se situe dans un contexte historique, le film aborde des thèmes profondément modernes tels que la déforestation et le conflit entre le progrès technologique et l'harmonie avec la nature. Des personnages tels que les esprits de la forêt, les loups sacrés et les divinités environnementales reflètent les divinités et créatures mythologiques de la tradition japonaise.

Des œuvres comme "Naruto" de Masashi Kishimoto s'inspirent également de la mythologie japonaise. Les concepts de « chakra », de techniques ninja et de créatures mythiques comme les « bêtes à queue » sont autant d'éléments profondément ancrés dans la culture traditionnelle du pays.

Outre les thèmes mythologiques, les anime et les mangas offrent également une plateforme pour explorer les complexités de la vie quotidienne au Japon, réfléchissant aux tensions entre le désir de modernité et la nécessité de préserver les traditions. "March Comes in Like a Lion" de Chica Umino, par exemple, bien qu'il s'agisse d'une histoire contemporaine de croissance et de résilience, se plonge dans le monde du shogi, un ancien jeu de société japonais, explorant ses traditions et son importance dans la culture japonaise.

De même, la popularité mondiale des anime et des mangas a permis la diffusion des légendes et de la mythologie japonaises au-delà des frontières nationales. Des séries comme "L'Attaque des Titans" de Hajime Isayama, malgré leur intrigue et leur décor distincts, reflètent des concepts traditionnels tels que l'honneur, le sacrifice et la lutte contre des forces apparemment invincibles, concepts enracinés dans la mentalité japonaise.

En conclusion, les anime et les mangas ne sont pas de simples produits de divertissement ; ce sont des lentilles à travers lesquelles nous pouvons observer l'interaction complexe entre le passé et le présent dans la culture japonaise. Ces œuvres, bien que profondément ancrées dans la modernité, puisent constamment dans le puits inépuisable de la mythologie et du folklore japonais, donnant profondeur et résonance à leurs histoires tout en préservant les légendes et les traditions à une époque où la mondialisation menace d'aplatir la diversité culturelle.

Légendes urbaines et leur lien avec le mythe

Les légendes urbaines, récits qui mélangent réalité et fiction et qui se propagent souvent comme des rumeurs incontrôlées dans les contextes urbains et modernes, représentent une manifestation contemporaine du besoin humain de raconter et de chercher un sens à des événements inexplicables. Bien que ces histoires soient souvent considérées comme le produit d'une époque moderne, dominée par la technologie et les médias, leurs racines s'étendent profondément dans le passé, trouvant confirmation dans les légendes et les mythes anciens.

Le Japon, en particulier, a une longue histoire de légendes urbaines qui se chevauchent et interagissent souvent avec les traditions mythologiques du pays. La fusion de l'ancien et du moderne, de la tradition et de l'innovation, est un trait distinctif de la culture japonaise, et les légendes urbaines en sont un exemple emblématique.

Prenons par exemple la figure de « Kuchisake-onna », la femme à la bouche coupée. Cette légende urbaine raconte l'histoire d'une femme, souvent décrite avec une coupure chirurgicale couvrant la partie inférieure du visage, qui s'approche des étrangers (en particulier des enfants) et pose une question apparemment innocente : « Suis-je belle ? Quelle que soit la réponse, la femme révélera une bouche horriblement mutilée, s'étendant d'une oreille à l'autre, et la victime sera souvent confrontée à un sort terrible. Bien que cette histoire puisse sembler être un produit de la culture urbaine moderne, elle trouve des échos dans les histoires traditionnelles de yokai et d'esprits vengeurs, démontrant comment les peurs contemporaines peuvent être influencées par d'anciens concepts mythologiques.

Un autre exemple est l'histoire de "Hanako-san", le fantôme d'une jeune fille qui habiterait les toilettes des écoles japonaises. Quiconque oserait appeler trois fois son nom devant la troisième porte des toilettes pourrait se retrouver confronté à cet esprit inquiétant. Encore une fois, bien que cette légende s'inscrive clairement dans un contexte moderne, elle résonne avec les histoires traditionnelles japonaises d'esprits et de fantômes liés à des lieux spécifiques, soulignant l'influence persistante du folklore traditionnel sur la psyché collective.

Mais pourquoi les légendes urbaines japonaises semblent-elles avoir un lien si profond avec le passé mythologique du pays ? Une explication possible pourrait résider dans la nature même de la société japonaise. Dans un pays où tradition et modernité cohabitent dans un équilibre délicat, les histoires que nous racontons reflètent souvent ce conflit. Les légendes urbaines, bien qu'elles soient des histoires du présent, s'appuient sur les peurs et les thèmes universels qui caractérisent les récits humains depuis des siècles.

De plus, les légendes urbaines, comme les mythes, servent à donner un sens à l'incompréhensible. Dans un monde de plus en plus complexe et souvent aliénant, ces histoires fournissent des explications (même effrayantes) à des phénomènes qui autrement seraient inexplicables. Grâce à ces récits, les gens peuvent affronter leurs peurs dans un contexte sûr, en utilisant l'histoire comme moyen de traiter leurs angoisses et leurs inquiétudes.

La persistance de thèmes mythologiques dans les légendes urbaines japonaises souligne également l'importance de la mémoire collective. Malgré des transformations technologiques et culturelles rapides, la société japonaise reste fortement liée à ses racines. Les histoires qu'il raconte, tant anciennes que modernes, sont le reflet de ce lien profond et durable avec le passé.

En conclusion, les légendes urbaines du Japon représentent un fascinant point de rencontre entre passé et présent, tradition et modernité. Bien qu'ils soient des manifestations de la culture contemporaine, ils s'appuient et s'inspirent profondément du riche tissu mythologique du pays. Ce mélange d'ancien et de moderne offre un aperçu unique des peurs, des espoirs et des préoccupations d'une nation.

CONCLUSIONS

Réflexions sur la pertinence perpétuelle de la mythologie japonaise

Le Japon, avec ses traditions anciennes et son dynamisme moderne, a toujours représenté un carrefour fascinant d'histoire, de culture et d'innovation. L'une de ses racines les plus profondes et les plus intrigantes réside dans la mythologie, une riche tapisserie de contes et de légendes qui ont façonné l'identité culturelle de la nation. Mais qu'est-ce qui rend la mythologie japonaise si perpétuellement pertinente, non seulement pour le peuple japonais mais aussi pour l'observateur extérieur ? Et comment a-t-il maintenu sa présence vibrante dans l'imaginaire collectif à travers les siècles ?

Un premier aspect à considérer est la nature intrinsèquement fluide de la mythologie japonaise. Contrairement à de nombreuses autres cultures, où les récits mythologiques peuvent être codifiés de manière rigide, la tradition japonaise a souvent accueilli et intégré de nouveaux éléments. Qu'il s'agisse d'influences bouddhistes, shinto ou spirituelles, le Japon a une longue histoire d'adaptation et de réinterprétation de ses histoires, rendant la mythologie vivante et en constante évolution.

Cette capacité d'adaptation et de changement peut être considérée comme une métaphore du Japon lui-même. Une nation qui, tout en conservant ses racines traditionnelles, a toujours regardé l'avenir avec des yeux ouverts et curieux. La mythologie japonaise, en ce sens, reflète la ténacité d'une culture qui a surmonté d'innombrables défis, tant internes qu'externes, tout en restant fidèle à elle-même.

Un autre point important est l'humanité inhérente aux contes mythologiques japonais. De nombreuses histoires, même celles impliquant des dieux et des créatures surnaturelles, parlent d'émotions humaines universelles : l'amour, la jalousie, l'ambition, le sacrifice. Ces légendes ne sont pas seulement des aventures épiques ou des récits divins, mais représentent souvent de profondes réflexions sur la nature humaine. Leur message résonne dans tous les cœurs, quelle que soit l'époque ou la culture à laquelle ils appartiennent.

Cet attrait émotionnel universel peut expliquer pourquoi tant de légendes japonaises ont trouvé un écho en dehors du Japon. Les histoires transcendent les frontières géographiques et culturelles, invitant quiconque les entend ou les lit à s'interroger sur sa place dans le grand schéma des choses.

Enfin, il convient de souligner le profond respect de la nature qui imprègne la mythologie japonaise. De nombreuses légendes et contes se déroulent dans des paysages naturels, des montagnes majestueuses aux forêts murmurantes, des rivières sinueuses aux vastes océans. La nature n'est pas seulement un arrière-plan passif, mais un personnage à part entière, plein de volonté, de désirs et de pouvoirs. Cette vision de la nature comme une entité vivante et respirante a peut-être contribué à la profonde conscience écologique du Japon et à sa recherche incessante d'harmonie entre l'homme et l'environnement.

En conclusion, la mythologie japonaise n'est pas seulement un recueil d'histoires anciennes ou une relique de croyances passées. C'est un fil vibrant qui relie le passé, le présent et le futur, offrant une vision du monde riche en nuances et en profondeur. Son attrait perpétuel réside dans sa capacité à parler à chacun de nous, à questionner nos perceptions et à inviter à la réflexion. À une époque de changements rapides et d'incertitude mondiale, ces récits anciens offrent sagesse, réconfort et une perspective à travers laquelle explorer la complexité de l'existence humaine. En cela, la mythologie japonaise n'est pas seulement un témoignage du passé, mais un guide précieux pour l'avenir.

Printed by Amazon Italia Logistica S.r.l.
Torrazza Piemonte (TO), Italy

54673734R00058